职业教育教师微课开发
与教学应用系列丛书

微课教学设计

Instructional Design for Microlecture

Weike Jiaoxue Sheji

全国高职高专教育
教师培训联盟
组编

刘万辉　编著
武马群　主审

U0871186

高等教育出版社·北京

内容提要

教学设计是教师为达成一定的教学目标，对教学活动进行的系统规划、安排与决策。教学设计的过程实际上就是为教学活动制订蓝图的过程。微课作为一种新型的教学资源与教学方式，也需要进行教学设计。

本书共分为6章，内容包括认识微课、教学设计基础、教学设计理论在微课中的应用、微课教学设计模式应用、获奖微课教学设计案例赏析、系列微课教学设计案例分析。本书从微课基础知识入手，既有理论支撑，又有设计与开发实践。书中的教学案例涵盖了职业教育的大多数学科与专业，每个案例都经过精挑细选，具有非常好的代表性，有利于提高教师的信息化教学设计能力。

本书配套约3GB容量的数字化资源，请学习者在学习前登录http://abook.hep.com.cn/43391获取相关资源（编辑邮箱709368209@qq.com），具体登录方法见书后“郑重声明”页。

本书内容丰富，实用性强，可作为普通教师微课教学设计的参考书，也可作为师范类院校学生的“微课教学设计”相关课程的教程。

图书在版编目（CIP）数据

微课教学设计/刘万辉编著. —北京：高等教育出版社，2015.9

ISBN 978-7-04-043391-3

Ⅰ. ①微… Ⅱ. ①刘… Ⅲ. ①高等学校－教学设计 Ⅳ. ①G642

中国版本图书馆CIP数据核字（2015）第145882号

策划编辑 洪国芬 郭 晶　　责任编辑 洪国芬　　封面设计 张申申　　责任印制 毛斯璐

出版发行	高等教育出版社	咨询电话	400－810－0598
社　　址	北京市西城区德外大街4号	网　　址	http://www.hep.edu.cn
邮政编码	100120		http://www.hep.com.cn
印　　刷	北京鑫丰华彩印有限公司	网上订购	http://www.landraco.com
开　　本	889mm×1194mm 1/16		http://www.landraco.com.cn
印　　张	10	版　　次	2015年9月第1版
字　　数	260千字	印　　次	2015年12月第2次印刷
购书热线	010－58581118	定　　价	35.00元

本书如有缺页、倒页、脱页等质量问题，请到所购图书销售部门联系调换

物 料 号 43391-00

前言

一、缘起——我的初衷

为贯彻落实《国务院关于加强教师队伍建设的意见》和《教育部关于全面提高高等教育质量的若干意见》精神，深入推进微课资源的开发与应用，教育部全国高校教师网络培训中心已经连续两届成功举办了全国高校微课教学比赛。

本书作者于 2015 年 1 月在高等教育出版社出版了《微课开发与制作技术》一书，主要介绍了微课基本理念、微课开发的流程与技术、微课资源的整合等基本知识和技术。接下来为了开发一节好的微课，我们需要深入研究一个重要课题——微课教学设计。

教学设计是教师为达成一定的教学目标，对教学活动进行的系统规划、安排与决策。教学设计的过程实际上就是为教学活动制订蓝图的过程。微课作为一种新型的教学资源与教学形式，也需要进行教学设计。

为此我编著了这本《微课教学设计》，供读者在微课开发实践中参考，希望帮助读者将教学设计理论应用到微课的设计与开发过程中，并能够结合专业、课程、教师特点，选择恰当的微课教学设计模式，设计与开发优质系列微课。

二、感悟——我的体会

在微课设计与开发过程中我有一些感悟与体会同大家分享。

第一，要厘清什么是教学设计，其理论基础是什么，教学设计的作用是什么。

教学设计是指教师以教育教学原理、教学艺术原理为依据，为了达到教学目标，根据学生认知特点，对教学过程、教学内容、教学组织形式、教学方法和需要使用的教学手段进行的策划。或者说，教学设计过程是对教学活动的诸多要素所进行的一种分析和策划的过程。在教学设计中，要运用传播理论选择最恰当的教学内容及传播方式，运用学习理论使教学过程更加符合学习者认知规律，运用教学理论选择和设计灵活多样的教学方式或教学模式，使实施过程符合教学规律。

教学过程是一个系统过程，这一系统包括了学生、教师、资源、学习方法、条件、情景等要素。教学设计就是要利用系统的科学方法来解决教学中的问题。教学设计是以学习者的学习目标为出发点，确定学习者的需求和教学中需要解决的问题，并提出满足学习者需求和解决问题的方法及步骤。教学设计需要以现代教学理论和学习理论为依据，转变传统的备课观，体现教育主体和学习主体的相互作用。

教学设计应突出学习者的主体地位，有助于增强学习者的学习兴趣，有助于增强教学工作的科学性，有助于提高教学效率和教学效果。所以，教学设计强调了目标、活动和评价的一致性。

第二，微课教学设计是教学设计理论在微课开发中的应用。

微课教学设计是根据微课的教学目标与功能，应用系统方法综合考虑教学中各要素之间、要素与微课整体之间的联系，并在开发微课时综合协调它们的关系，以形成时间短、内容精、视频为主要载体的优质微课。

须要注意的是，常规的教学设计是基于教师和学生双边教学活动的设计，教学过程包含师生的互动，而大多数微课的教学设计主要是基于教师单边的教的设计，微课中没有师生互动，与学生的交流也主要是微课学习中或者学习后的主观与客观测试、讨论与练习。

第三，合理处理微课教学设计与微课开发形式之间的关系，注意知识点的聚合与关联设计。

微课质量的高低，首要因素是微课的教学设计——合理的教学设计是保持学习者高注意力的关键；其次才是微课的表达形式。微课设计与制作时形式要服务于内容，不能用模式去套内容，而是用内容选择模式，同时微课的开发也要注意开发的方式便于推广。

微课教学设计应更强调学生的自主学习，学习内容应是独立的知识点或技能点，要考虑学习时间的零散性与片段性，学习媒介的多样化，学习方式的个性化与网络化，以及学习者观看视频媒体学习、信息单方传播等特点。

在进行系列的微课教学设计时，要考虑微课讲授知识高内聚、低耦合的特点。内聚是指微课内部各个知识点之间的关系紧密程度；耦合就是各节微课之间的教学内容关联紧密程度。所以，高内聚实现了单节微课描述的知识要紧凑、独立，而低耦合则强调了微课与微课之间的关联要少。

三、编写结构

本书共分为 6 章。

第 1 章认识微课，主要介绍微课出现的背景、定义、特点与分类，重点讲解微课视频展示形式、微课的开发流程、微课的教学应用。

第 2 章教学设计基础，主要介绍教学设计的内涵、特点、功能、要素与基本任务，重点介绍教学设计理论基础以及 4 种典型的教学设计模式。

第 3 章教学设计理论在微课中的应用，主要介绍教学设计与微课教学设计的关系、微课教学设计的原则。重点介绍微课教学设计的流程、微课教学设计中可参考的教学模式与教学策略、系列微课的设计、思维导图在微课教学设计中的应用。

第 4 章微课教学设计模式应用，重点介绍开门见山式、情境式、探究式、抛锚式、理实一体式 5 种微课教学设计的模式。针对每种模式从模式简介、教学过程设计、适用场合、案例展示 4 个方面展开。

第 5 章获奖微课教学设计案例赏析，主要以第二届全国高校微课教学比赛（高职高专组）一等奖作品的教学设计为载体进行案例赏析。针对每个案例主要从微课展示、专家评价、思维导图设计、教学设计、开发方式、作者感悟 6 个方面进行介绍。

第 6 章系列微课教学设计案例分析，主要以“大学生心理健康教育”和“C 语言程序设计”两门课程为载体剖析了系列微课的设计与开发方式。针对每个案例主要从课程介绍、系列微课规划表、系列微课知识树构建案例、微课视频展示进行介绍。

四、致谢

在很多人的支持下，这本《微课教学设计》才得以出版。在此，感谢所有参加本书编写的老师，是他们一次次的讨论才使思路逐渐清晰，是他们的宝贵意见才使本书更加完善，感谢书后文献的所有作者，他们的资料给予了本书积极的引导作用，感谢所有为本书提供微课作品的老师们，他们的微课作品使得本书的内容丰富充实。

在此，特别感谢武马群教授对本书提出了宝贵的建议。还要感谢俞宁教授，多年来一直指导我的成长，并对本书的体系结构进行了优化。

本书主要由刘万辉编著并负责总体设计与统稿。杜文龙、阚宝朋等参与了本书的编写工作和相关资料的收集工作。

由于时间仓促，书中难免存在不妥之处，敬请读者批评指正。

编　者

2015 年 6 月

Chapter 1 认识微课

Chapter 2 教学设计基础

Chapter 3 教学设计理论在微课中的应用

Chapter 4 微课教学设计模式应用

Chapter 5 获奖微课教学设计案例赏析

Chapter 6 系列微课教学设计案例分析

Chapter 1

认识微课

1.1 微课出现的背景

随着科学技术的迅猛发展，教学方式也在不断地更新，作为新生事物，微课正在成为一种新型的教学资源或教学模式。它给课堂教学带来更多的变化，为课堂提供了一种更高效的教学手段。它给人们带来的不仅仅是一种新型的教学模式，更向人们启示了一种新的学习理念——微学习。

1. “微”时代对教育的挑战

当今社会，生活节奏越来越快，与此相应，人们更乐于接受简单、便捷、有趣、高效的生活方式和学习方式，因此近年来各种“微”事物不断涌现，如微博、微信、微电影、微小说、微讲堂等，这些日益壮大的“微”字号队伍俨然宣告着人类已经步入了“微”时代。同时，网络通信技术日新月异的发展也强有力地推动着这股“微”潮流，使得各种“微”事物可以无孔不入地钻进生活的方方面面。“微”时代信息的传播速度更快，传播的内容更具冲击力和震撼力。人们恍然发现，原来传播交流信息乃至进行情感沟通，仅仅通过百余字就完全可以实现。对于接受者而言，消化信息的时间非常有限，而信息内容与数量却异常丰富，这就要求信息生产者提供具有高黏度、冲击力巨大、可以在极短时间内吸引受众并提高受众的阅读兴趣的内容。

在教育领域，教师的工作更是非常繁忙，很难抽出大量的时间去关注每一位学生的学习情况，帮助他们查漏补缺、攻克课程重难点成为教师教学过程中的一大难题。在常规教学中教师只能保证大部分学生的学习进度，不能因为某个学生而影响教学进度。此时，微课的出现，恰恰可以满足教师的这种需要，它可以代替教师，让学生进行相关内容的个性化或重复多次学习，不仅帮助教师节省了大量的时间和精力，还可使学生的学习更高效。

微课发端于微博。自 2009 年起，微博以其互动性和参与性强、信息传播速度快、目标明确的特点，在我国迅速地掀起了一场轰轰烈烈的“微”热潮，拉开了“微”时代的序幕。于是，微课也应运而生。

2. “微学习”的迅速发展

微学习是今后学生学习不可缺少的一种学习模式，由“微”与“学习”两部分构成。“微”即微小、碎片化，它符合学生的习惯，一次只学一点，学太多会疲倦。微学习要有效发展，必须依托微课这一载体。微课是运用建构主义方法，以在线移动学习为目的来开展实际教学的。时代呼唤微学习，片段化、专题化的微课给学生提供了更好的学习机会，有效促进了学生的微学习。

微学习的发展，对传统的课程形式提出了挑战，要求课程形式多样化，具备灵活性，可以满足学习者随时随地的学习需求，或者说，学习者可以在地铁上、在公交车上、在咖啡厅，在工作的间隙进行学习，这种需求让研究者自然地关注到了微课。

所以，微学习的学习内容是零散的、片段性的，学习内容是一个个独立的知识点与技能点；学习的媒介是多样的；学习过程是个性化的。

3. 可汗学院风靡全球

可汗学院（Khan Academy）是由孟加拉裔美国人萨尔曼·可汗（Salman Khan）创立的一家非营利性教育组织，主旨在于利用网络影片向世界各地的人们提供免费的高品质教育，现有关于数学、历史、物理、化学、生物等科目内容的教学影片数量已超过 3500 段。可汗学院正在为加快各年龄学生的学习速度而努力着。萨尔曼·可汗拥有麻省理工学院的硕士学位和哈佛大学的 MBA 学位。刚开始时，萨尔曼·可汗只是为了帮助住在远处的亲人进行日常学习，尝试着把自己的教学影片放在网络上，主要是在 YouTube 网站。由于这些课程广受好评，慢慢地被越来越多的人所熟知，并迅速地向周围蔓延，让学生们在家里就可以学到学校里面所讲授的知识，甚至正在“翻转课堂”，成为了“颠倒的课堂”。有些教育学家认为，这种教育模式正在打开“未来教育”的曙光。

可汗学院所取得的成功，为当前的教育体制带来了很大的挑战。现在，虽然许多大学已有网络课程，但它们仅仅是把教授上课的过程拍摄下来，强调的是老师的“教”，而忽视了学生的“学”；可汗课程，则突出了学生的“学习”过程，课程设计是围绕“以学习者为中心”，充分体现出学生的主体地位，教师从单一的知识传授者角色向学生学习的帮助者和学习资源的提供者转变，符合现代学生的学习特点。

4. 微课对传统教育的挑战

信息化环境下，基于教育与应用的资源及分享平台的日益丰富，教学资源的充分合理的利用及信息技术与学科的深度融合是整个教育信息化建设的根本出发点。微课正以短小精悍的特征，迎合了时代的要求与大众心理。

在传统课堂教学中，为了不影响既定的教学进度，教师只要求班里每一位学生只要达到一定的标准，就继续推进教学进度；而大部分学生在学习的过程中若有什么不懂的地方会及时向老师请教，或课后有相应的人员进行辅导，对基础教育而言，就是非常流行的课外辅导（家教或者为一对一的辅导），对于受高等教育的学生来讲，其之间可以互相讨论，然而那些上课不问、下课没有人教的学生，遇到不懂的问题就积累了下来，时间越久，对后面的学习所造成的影响就越大，尤其是基础教育的数学、高等教育的理工科课程这种逻辑思维能力要求很强的学科，不懂的知识点会以点、线、面的形式，影响后续的学习，从而造成学习成绩两极分化的现象。而微课短小精悍与碎片化的特点正弥补了传统教育的不足。

微课对教师也产生了影响，一方面，一个优秀教师的微课可能被大量的下载，不受欢迎的教师将面临转行；另一方面，教师的功能发生了变化，微课时代教师的身份主要将变成教学的组织者，和学生一起讨论，给学生解惑，组织测验、考试、实验等。所以，老师的信息化素养也要不断提高。

为此，微课时代针对学生的课后教育要更具有针对性，就要为如何让学生更好地学习寻找一条出路。微课顺应时代的需求，必将会让越来越多的学习者受益。

1.2 微课的相关定义

1.2.1 微课的定义

随着微课实践的不断丰富和相关研究的逐步深化，人们对微课的认识也越来越深刻、全面，众多教育技术学界的专家学者、教育企业及教育行政部门的微课活动都对“微课”一词给出了定义。

1. 胡铁生的定义

胡铁生老师于2011—2013年对微课的定义进行了完善。

微课又名微课程，它是以微型教学视频为主要载体，针对某个学科知识点（如重点、难点、疑点、考点等）或教学环节（如学习活动、主题、实验、任务等）而设计开发的一种情景化、支持多种学习方式的新型在线网络视频课程。

2. 教育部教育管理信息中心的定义

“微课”全称“微型视频课程”，它是以教学视频为主要呈现方式，围绕学科知识点、例题习题、疑难问题、实验操作等进行的教学过程及相关资源之有机结合体。

3. 教育部全国高校教师网络培训中心的定义

微课是以视频为主要载体，记录教师围绕某个知识点或教学环节开展的简短、完整的教学活动。

4. “凤凰微课”的定义

微课，它是个微小的课程教学应用，是一种以5～10分钟甚至更短时长为单位的微型课程。它以视频为主要载体，特别适宜与智能手机、平板电脑等移动设备相结合，为大众提供碎片移动化的网络学习新体验。

5. 焦建利的定义

微课是以阐述某一知识点为目标，以短小精悍的在线视频为表现形式，以学习或教学应用为目的的在线教学视频。

6. 黎加厚的定义

“微课程”是指时间在10分钟以内，有明确的教学目标，内容短小，集中说明一个问题的小课程。

7. 张一春的定义

微课是指为使学习者自主学习获得最佳效果，经过精心的信息化教学设计，以流媒体形式展示的围绕某个知识点或教学环节开展的简短、完整的教学活动。

张一春教授认为：微课的形式是自主学习，目的是最佳效果，设计是精心的信息化教学设计，形式是流媒体，内容是某个知识点或教学环节，时间是简短的，本质是完整的教学活动。

因此，对于老师而言，最关键的是要从学生的角度去制作微课，而不是在教师的角度去制作，要体现以学生为本的教学思想。

8. 郑小军的定义

微课是为支持翻转学习、混合学习、移动学习、碎片化学习等多种学习方式，以短小精悍的微型教学视频为主要载体，针对某个学科知识点或教学环节而精心设计开发的以一种情景化、趣味性、可视化的数字化学习资源包。

9. 吴秉健的定义

为满足个性化学习差异的需要，以分享知识和技能为目的，师生都可以通过录制增强学习实境、实现语义互联的简短视频或动画（可附相关的学习任务清单和小测验等）制作，它们又能成为被学习者定制和嵌入的维基（wiki）资源分享内容。

1.2.2 系列微课

系列微课是将原课程按照学生的学习规律，分解成为一系列具有目标、任务、方法、资源、作业、互动与反思等在内的单元化、系列化微型课程体系。

系列微课并不是指为微型教学而开发的微内容，而是运用建构主义方法转化成的、以在线学习或移动学习为目的的实际教学内容。系列微课具有完整的教学设计环节，包含课程设计、开发、实施、评价等环节。

系列微课从课程属性来讲，它有设计、开发、实施、评价等过程。系列微课从课程资源的角度来讲，它是课程改革与信息化进程中的学习资源创新，是学习内容与学习方式整合为一体的新型资源，它指导学生学习和帮助学生学习。

1.3 微课的特点

微课主要包含以下 8 个特点。

1. 教学时间较短

教学视频是微课的核心组成内容。根据学生的认知特点和学习规律，“微课”的时长一般为 5～10 分钟，最长不宜超过 15 分钟。因此，相对于传统的 40 或 45 分钟的一节课的教学课例来说，“微课”可以称之为“课例片段”或“微课例”。

2. 教学内容较少

相对于较宽泛的传统课堂，“微课”的问题聚集，主题突出，更适合教师的需要。“微课”主要是为了突出课堂教学中某个学科知识点（如教学中重点、难点、疑点、考点内容）的教学，或是反映课堂中某个教学环节、教学主题的教与学活动，相对于传统一节课要完成的复杂众多的教学内容，“微课”的内容更加精简，因此又可以称为“微课堂”。

3. 资源容量较小

从大小上来说，“微课”视频及配套辅助资源的总容量一般在几十兆字节左右，视频格式须是支持网络在线播放的流媒体格式（如 rm、wmv、flv 等），师生可流畅地在线观摩课例，查看教案、课件等辅助资源；也可灵活方便地将其下载保存到终端设备（如笔记本式计算机、手机、MP4、iPad 等）上实现移动学习、泛在学习，非常适合于教师的观摩、评课、反思和研究。

4. 资源构成“情景化”，资源使用方便

“微课”选取的教学内容一般要求主题突出、指向明确、相对完整。它以教学视频片段为主线“统整”教学设计（包括教案或学案）、课堂教学时使用到的多媒体素材和课件、教师课后的教学反思、学生的反馈意见及学科专家的文字点评等相关教学资源，构成了一个主题鲜明、类型多样、结构紧凑的“主题单元资源包”，营造了一个真实的“微教学资源环境”。这使得“微课”资源具有视频教学案例的特征。广大教师和学生在这种真实的、具体的、典型案例化的教与学情景中可易于实现“隐性知识”“默会知识”等高阶思维能力的学习并实现教学观念、技能、风格的模仿、迁移和提升，从而迅速提升教师的课堂教学水平、促进教师的专业成长，提高学生的学业水平。就学校教育而言，微课不仅成为教师和学生的重要教育资源，而且也构成了学校教育教学模式改革的基础。

5. 主题突出、内容具体

一个微课就一个主题，或者说一个微课一个事；研究的问题来源于教育教学具体实践中的具体问题，或是生活思考、或是教学反思、或是难点突破、或是重点强调、或是学习策略、教学方法、教育教学观点等具体的、真实的、自己或与同伴可以解决的问题。

6. 草根研究、趣味创作

正因为课程内容的微小，所以人人都可以成为课程的研发者；正因为课程的使用对象是教师和学生，课程研发的目的是将教学内容、教学目标、教学手段紧密地联系起来，是“为了教学、在教学中、通过教学”，而不是去验证理论、推演理论，所以决定了研发内容一定是教师自己熟悉的、感兴趣的、有能力解决的问题。

7. 成果简化、多样传播

因为内容具体、主题突出，所以研究内容容易表达、研究成果容易转化；因为课程容量微小、用时简短，所以传播形式多样（网上视频、手机传播、微博讨论）。

8. 反馈及时、针对性强

由于在较短的时间内集中开展“无生上课”活动，参加者能及时听到他人对自己教学行为的评价，获得反馈信息。较之常态的听课、评课活动，“现炒现卖”，具有即时性。由于是课前的组内“预演”，人人参与，互相学习，互相帮助，共同提高，在一定程度上减轻了教师的心理压力，不会担心教学的“失败”，不会顾虑评价“得罪人”，较之常态的评课更加客观。

1.4 微课的分类

微课的分类方法有很多种，具体分类如下。

1.4.1 按照教学方法分类

根据李秉德教授对教学活动中常用教学方法的分类总结，同时也为便于一线教师对微课分类的理解和实践开发的可操作性，可将微课划分为 11 类，分别为讲授类、访谈类、启发类、讨论类、演示类、练习类、实验类、表演类、自主学习类等，见表 1-1。

表 1-1　微课的分类及适用范围

分类依据	常用教学方法	微课类型	适用范围
以语言传递信息为主的方法	讲授法	讲授类	适用于教师运用口头语言向学生传授知识，例如基于素质教育为主的基础课程或者通识课程，大学语文中的名篇赏析、大学美育、大学生心理健康教育，等等
	谈话法（访谈法）	访谈类	适用于针对某一领域、某一人物进行专访，访谈对象是行业、企业有影响力的人物。访谈内容以嘉宾所研究领域的概况，如就业前景、工作岗位、职业发展等，以鼓励学生热爱自己所学的专业，产生浓厚兴趣
	启发法	启发类	适用于教师在教学过程中根据教学任务和学习的客观规律，从学生的实际出发，采用多种方式，以启发学生的思维为核心，调动学生的学习主动性和积极性，促使他们积极主动地学习
	讨论法	讨论类	适用于教师引导，对学生的思维加以引导和启发，学生则是在教师指导下进行有意识的思维探索活动，共同研讨，相互启发地进行学习
以直接感知为主的方法	演示法	演示类	适用于教师在实训场所实践教学时，把实训设备展示给学生，或者进行设备的操作演示，或通过现代教学手段，通过实际观察获得感性知识，通过实践训练获得实践技能
以实际训练为主的方法	练习法	练习类	适用于学生在教师的指导下，依靠自觉的控制和校正，反复地完成一定动作或活动方式，借以形成技能、技巧或行为习惯。尤其适合工具性设备的使用，如万用表的使用、游标卡尺的使用等
	实验法	实验类	适用于学生在教师的指导下，使用一定的设备和材料，通过控制条件的操作过程，引起实验对象的某些变化，从观察这些现象的变化中获取新知识或验证知识。例如，食品加工技术类的教学中，烤箱参数的设置对食物烘烤效果的影响，化工类的实验中实验类微课较为常见
以欣赏活动为主的教学方法	表演法	表演类	适用于在教师的引导下，组织学生对教学内容进行模仿表演和再现，以达到学习交流和娱乐的目的，促进审美感受和提高学习兴趣。适用于素质类、体育类课程，如太极拳、瑜伽、健美操等课程的学习
以引导探究为主的方法	自主学习法	自主学习类	适用于以学生作为学习的主体，通过学生独立的分析、探索、实践、质疑、创造等方法来实现学习目标
	合作学习法	合作学习类	合作学习（Collaborative Learning）是一种通过小组或团队的形式组织学生进行学习的一种策略
	探究学习法	探究学习类	适用于学生在主动参与的前提下，根据自己的猜想或假设，运用科学的方法对问题进行研究，在研究过程中获得创新实践能力、获得思维发展，自主构建知识体系的一种学习方式

值得注意的是，一节微课作品一般只对应于某一种微课类型，但也可以同时属于两种或两种以上的微课类型的组合（如提问讲授类、合作探究类等），其分类不是唯一的，应该保留一定的开放性。同时，由于现代教育教学理论的不断发展，教学方法和手段的不断创新，微课类型也不是一成不变的，需要教师在教学实践中不断发展和完善。

1.4.2 按照视频展示形式分类

依据微课的展示形式，微课可以分为可汗学院式、课堂实拍式、录播教室拍摄式、访谈式、讨论式、讲坛式、PPT 动画式、Prezi 动画式、录屏式、实景拍摄式、二维或者三维动画式、虚拟抠像式等。

1. 可汗学院式

可汗学院式微课是指教师使用屏幕录制工具将其在数位板、电子白板、电视一体机上的所有演示、操作、推导过程及其讲解声音录制成视频，或者使用手机或者摄像设备记录教师书写或推理的过程。图 1-1 所示为两种不同风格的可汗学院视频。

此类微课并不出现教师的影像，它主要通过文字、公式、手绘图形、数字、线条、教学互动、教师清晰的旁白及其缜密的教学思路来帮助学生建构知识。

可汗学院式微课根据使用设备的不同通常有数位板＋录屏软件、数位屏＋录屏软件、电子白板、一体机、手机＋白纸等 5 种方式。

数位板＋录屏软件录制微课的方式如图 1-2 所示；数位屏＋录屏软件录制微课的方式如图 1-3 所示。

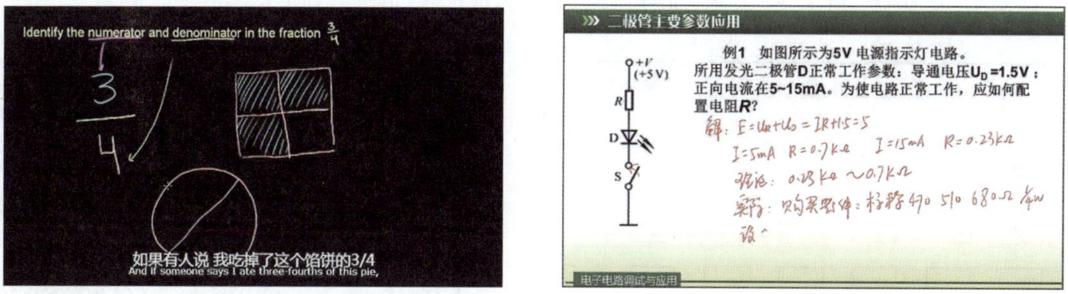

(a) 基础数学——分数　　(b) 二极管主要参数应用

图1-1　可汗学院式微课

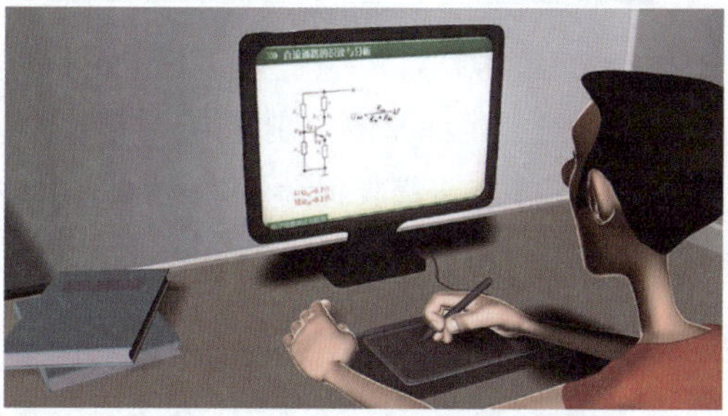

图1-2　数位板+录屏软件录制微课

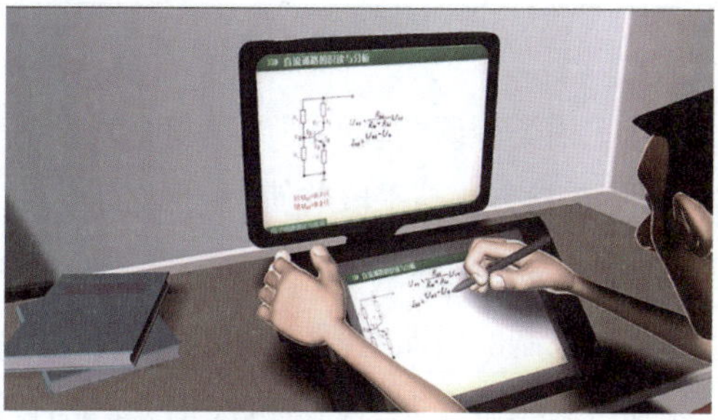

图1-3　数位屏+录屏软件录制微课

电子白板录制微课的方式如图 1-4 所示；一体机录制微课的方式如图 1-5 所示。

图1-4　电子白板录制微课

图1-5　一体机录制微课

手机＋白纸录制微课的方式如图 1-6 所示。

图1-6　手机+白纸录制微课

可汗学院式微课适用于讲解数学、电子技术、电气原理等具有缜密的推理和演算过程的课程。

2. 课堂实拍式

课堂实拍类微课是指使用录制设备摄录教师根据微课设计要求所进行的课堂教学影像，并对其进行后期剪辑合成所形成的流媒体微课视频。该类微课教学内容生动，不仅可较好地营造课堂氛围，而且可以完美地展示老师的教学风采。

课堂实拍的场景如图 1-7 所示，拍摄后的视频体现形式如图 1-8 所示。

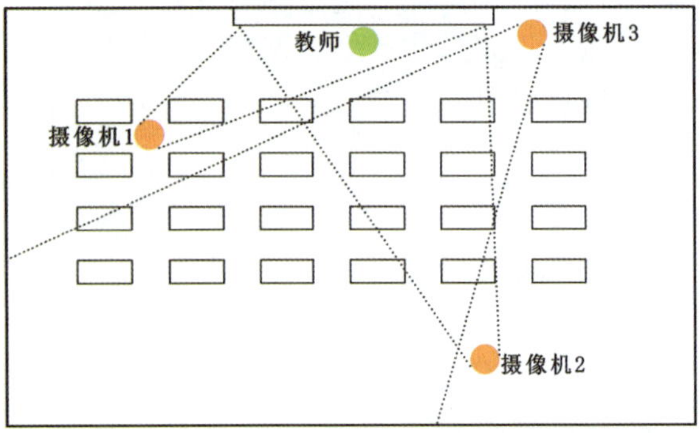

图1-7　课堂实拍三机位摄像机位置

图1-8　课堂拍摄式微课

课堂实拍类微课能较好地展现整个教学活动，体现教师对整个课堂的控制能力，展现教师的教学风采、教学方法与手段的使用；但对于学生自主学习，则不能为其营造一对一学习的心理体验。

3. 录播教室拍摄式

录播室录制的微课主要采用专业的自动录播系统实现一站式录播。

录播室录制微课能实现多机位拍摄，能合理构图，能平滑跟踪，镜头真实生动，方便后期编辑，接近人工拍摄效果。

录播室一般配备可手写大屏幕或者电视一体机，录像时使用固定机位的一台或者几台高清摄像机。为了保证视频中的声音质量，一般在教师胸前佩戴上无线麦克，拾取声音。在拍摄时，对环境、灯光均有较高的要求。一般拍摄前，由专业的摄像师进行调光，以保证拍摄效果。

另外，这种拍摄方式对教师着装及大屏幕背景均有一定要求。

对教师着装的要求：一般着较为正式的职业装，以体现教师的风采；讲课时，要用普通话，声音清晰，无咳嗽、无错误，讲话连续顺畅，动作舒展自然。教师可以一边讲，一边用记号笔在屏幕上书写。

对大屏幕上用作背景的 PPT 的要求：一是字体清晰，字号较大；二是留出一定的空白位置，用于教师站位，免得教师挡住 PPT 中的有效信息；三是颜色合理，不要与教师着装有较大反差，以免教师在屏幕上留下背影。拍摄的视频经过简单剪辑加工即可以使用。

录播教室的场景如图 1-9 所示，拍摄后的视频体现形式如图 1-10 所示。

图1-9 录播教室的场景

图1-10 录播教室录制的微课

4. 访谈式

简单地讲，访谈式微课就是人物采访，以表现为面对面采访的形式。

访谈式微课类似电视中的访谈节目，针对某一领域、某一人物进行专访，形式如图 1-11 所示。

访谈对象可以是行业、企业有影响力的人物，也可以是学校优势学科专家学者、二级学院学科带头人。

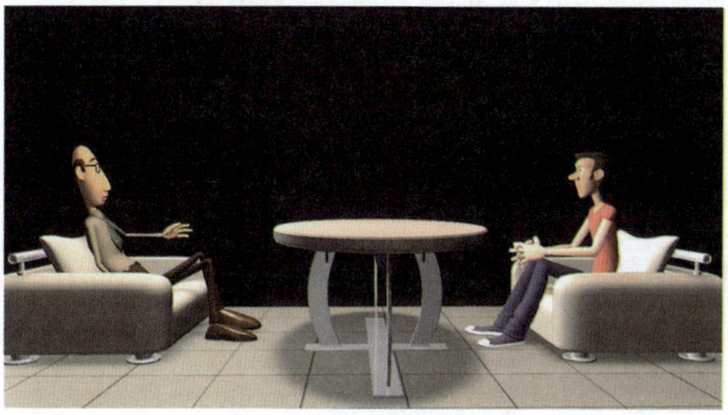

图1-11 访谈式微课的形式

拍摄所需设备有摄像机（高清）两台、灯光、移动三脚架、笔记本式计算机等。

内容设计：采访内容主要以嘉宾所研究领域的概况，如师资、办学特色、专业建设情况、就业前景、工作岗位、职业发展等，以鼓励学生热爱自己所学的专业，产生良好兴趣。

5. 讨论式

讨论式微课主要是教师引导，对学生的思维加以引导和启发，学生则是在教师的指导下进行有意识的思维探索活动。

在微课中，可以部分引用，也可以是记录整个讨论过程。讨论式微课可以是一个老师与两个或者两个以上的学生讨论。图 1-12 所示为讨论式微课的模型。图 1-13 所示为讨论式微课中问题引入环节的片段。

讨论式教学法组织教学中，教师作为“导演”，对学生的思维加以引导和启发，学生则是在教师的指导下进行有意识的思维探索活动。学生的学习始终处于“问题—思考—探索—解答”的积极状态。学生看问题的方法不同，会从各个角度、各个侧面来揭示教学内容的内涵和基本规律的实质，如果就这些不同观点和看法展开讨论，就会形成强烈的外部刺激，引起学生的高度兴趣和注意，从而产生自主性、探索性和协同性的学习。这样的教学方法无疑是体现“教师为主导，学生为主体”这一教学思想。

图1-12　讨论式微课模型

图1-13　讨论式微课片段

讨论模式决定着讨论式教学法的特点和作用。

① 信息源多，信息的交换量、加工量大，师生获得的即时反馈信息快而强。

② 能充分调动学生的学习主动性和积极性。由于讨论式教学法改变了学生在课堂教学中的地位，他们既是信息的接收者，更是信息的发出者，他们的思维不再受教师的限制。为了证明自己的观点，他们积极、主动地去准备材料，搜集论据，进行思考。

③ 对已有的知识进行分析、加工、推理、论证等一系列思维活动。特别是在讨论和争论中遇到的问题是事先预想不到的，学生要在极短的时间内抓住问题的实质，组织大脑中储存的知识进行分析、推理、论证，从而得出结论，这种高密度的思维活动能有效地培养和提高学生思维的敏捷性、灵活性和独立性。

④ 能培养和提高学生独立分析和解决问题的能力。讨论题一般都有难度，学生必须把书本知识和实际问题密切结合才能解决。这样，学生在准备讨论的过程中运用知识解决问题的能力得到了培养和提高，同时还能提高即时反馈能力和评价能力。

⑤ 能培养和提高学生的口头表达能力。讨论的过程就是学生把自己的观点通过口头语言的形式准确、清楚、全面地表达出来的过程。在阐明自己的观点、驳斥对方的观点等一系列活动中，学生的口头表达能力也会得到锻炼和提高。

此外，通过讨论，教师能最大限度地了解和掌握学生个体和总体的知识准备程度和认识状况，随时调节教学进程，加强教学的针对性和有效性。学生能在讨论中听取别人的发言并作比较，取长补短，扩大视野，有利于新型师生关系和同学关系的建立。

6. 讲坛式

讲坛式微课主要是以教师讲授为主的知识传授形式，大家接触最多的是中央电视台的百家讲坛节目。

讲坛式微课的模型如图 1-14 所示。微课“舌尖上的筷子”就采用了讲坛式的录制方式，如图 1-15 所示。

讲坛式微课的重点是讲授内容的选题。适合人文、历史、素养类的课程演讲、解释陈述性比较强的知识点。

7. PPT动画式

PPT 动画式微课属于录屏类微课的一种形式，它借助屏幕录制软件将以 PPT 讲解的全过程录制成流媒体视频，也可以设置背景音乐。

PPT 动画式可以将微课所需要的图片、动画、视频等资源整合在一起，然后根据设计的过程进行讲解。

图1-14　讲坛式微课模型

图1-15　讲坛式微课片段

思想政治类微课“危险驾驶罪”即采用PPT动画式进行录制，如图1-16所示。工科类微课“ETC系统结构”也采用了PPT录制方式，如图1-17所示。

录制PPT演示文稿类微课视频的制作门槛低，如果要制作高质量的微课视频，则要求老师必须具备高超的动画设计制作能力、很好的画面美工能力以及较高的图形处理能力。

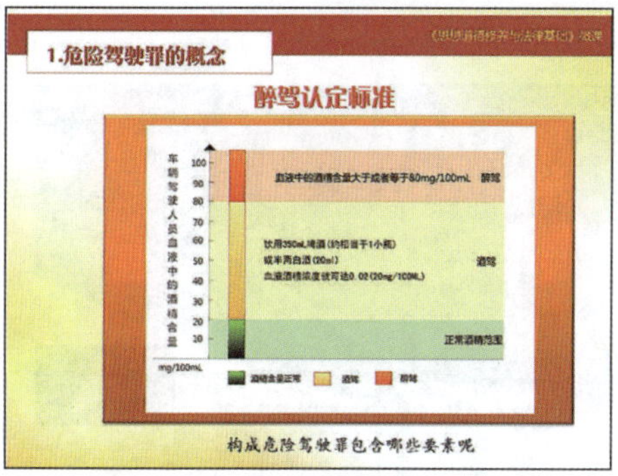

图1-16　思政类PPT动画式微课片段

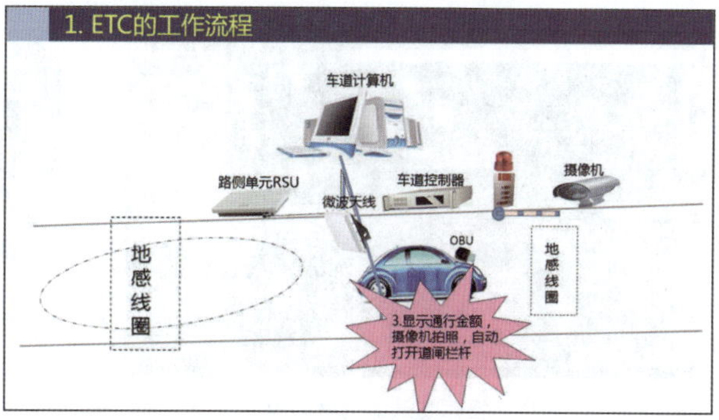

图1-17　工科类PPT动画式微课片段

8. Prezi动画式

Prezi 动画式微课属于录屏类微课的一种形式，它借助屏幕录制软件将以 Prezi 讲解的全过程录制成流媒体视频，也可以设置背景音乐。

Prezi 是一种主要通过缩放动作、旋转动作和快捷动作使想法更加生动有趣的演示文稿软件。它打破了传统 PowerPoint 的单线条时序，采用系统性与结构性一体化的方式进行演示，以路线的呈现方式，从一个物体忽然拉到另一个物体，配合缩放、旋转等操作则更有视觉冲击力。通过多终端（网页端、桌面端、iPad 或移动端）创建、编辑文稿，从而使人们开拓思路、并使想法之间的联系更加明确清晰。

微课“微课出现的背景”即采用 Prezi 动画式进行录制，如图1-18所示。

9. 录屏式

录屏式微课是指教师借助屏幕录制软件将操作演示与讲解全过程录制成流媒体视频。

录屏式微课通常有录制 PPT 演示文稿、录制 Prezi 演示文稿、录制各类软件的操作演示等三类方式。如果开启摄像头，可以录制画中画式微课。

(a) 整体界面　　(b) 子界面

图1-18　Prezi动画式微课

该类微课可根据教学要求来决定是否需要录制教师影像，微课录制后需要使用简单的视频后期处理工具对其进行剪辑合成。

微课“Photoshop 入门基本操作”采用了 PPT 动画式与 Photoshop 软件操作演示相结合的方式，如图 1-19 所示。

微课“冒泡排序法”即采用了画中画式录屏，如图 1-20 所示。

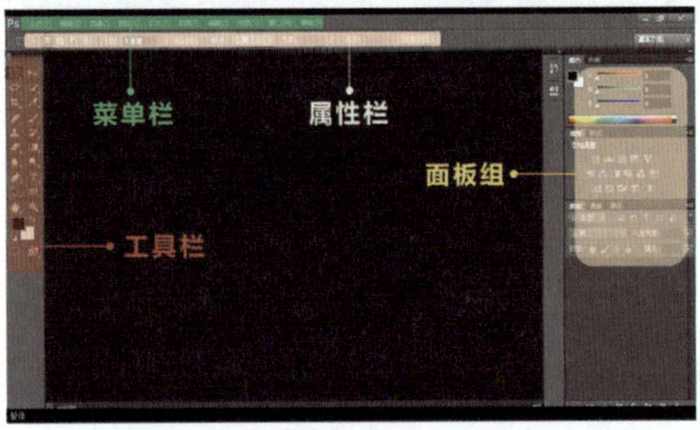

图1-19　操作演示类录屏微课

图1-20　画中画式微课

10. 实景拍摄式

实景拍摄式微课是指学校根据微课设计要求组成微课研发团队，对课程内容进行场景设计、策划并撰写脚本，然后选择导演、演员、场地进行拍摄，并经过后期视频剪辑制作所形成的微课视频。

实景拍摄式微课主要分为设备操作演示拍摄、教师的示范演示拍摄、剧情拍摄等。

操作演示类的微课一般在实习车间、操作演示作业台、生产厂房等地进行。为了避免背景过于杂乱，一般选择较为开阔的室内进行拍摄。拍摄时要布置好工具、操作对象等。

拍摄时一般采用双机位，以展示操作的细节或难以理解的环节。由一台固定拍摄中景或远景，一台跟拍近景和特写。跟拍时，灯光往往要跟随，保证视频画面清晰。为了保证操作演示的准确性，以及后期剪辑工作的顺利进行，一般在演示操作时，有指导教师在镜头外进行提示，演示人员根据指导教师的提示，一步一步操作。部分镜头，要求拍摄人员重复演示或暂停，以方便拍摄人员跟拍近景或特写镜头。拍摄的视频要经过剪辑加工，将不同景别的镜头进行穿插，以更好地反映出操作要点。同时，由于拍摄现场背景音的存在，指导教师的现场提示不能直接作为音频，往往需要提供解说词后，由专业配音人员进行配音。

表演录像适合于对有一定故事情节的内容进行演绎。为了保证拍摄效果，一般要求有专业的剧本人员来编写脚本，对拍摄场景、演员的动作和对话做出详细的描述，以便于拍摄时参照执行。表演类的视频不仅对脚本有要求，而且对表演人员、场景的选择和布置都有较高的要求，因此拍摄难度较大。

微课“刀械劈刺的防御”采用了实景拍摄的方式，如图 1-21 所示。

微课“导游沿途讲解常见问题与应对”采用了实景拍摄的方式，如图 1-22 所示。

此种微课可实现课堂教学与其真实情景的实时交互，是真正践行建构主义的情境互动式教学微课。

图1-21 刀械劈刺的防御实拍式微课

图1-22 “导游沿途讲解常见问题与应对”微课

11. 二维或者三维动画式

二维或三维动画式微课是指微课设计者根据策划脚本，结合专业配音，进行分镜设计并绘制成二维或者三维动画的形式展示的微课视频。

微课“从龟兔赛跑看管理的常管常新”采用了二维动画的制作方式，如图 1-23 所示。

微课“肌小节的结构”采用了三维动画的制作方式，如图 1-24 所示。

二维动画主要使用在微课引入时的场景营造、原理描述、工作过程呈现，同时还能表达一些不易拍摄呈现的内容，例如人物的摔倒、内心世界的描述等；三维动画通常能实现仿真技术，借助应用电子计算机对系统的结构、功能和行为以及参与系统控制的人的思维过程和行为进行动态性比较逼真的模仿。三维动画的特点是描述过程安全、节省开支，有交互性，了解真实世界中无法实现的危险性操作，或者临界条件的操作，例如，强电的相关操作，医学相关的教学内容：心脏的工作原理、脊椎的结构、椎间盘突出症的发病机理等。

图1-23 从龟兔赛跑看管理的常管常新二维动画式微课

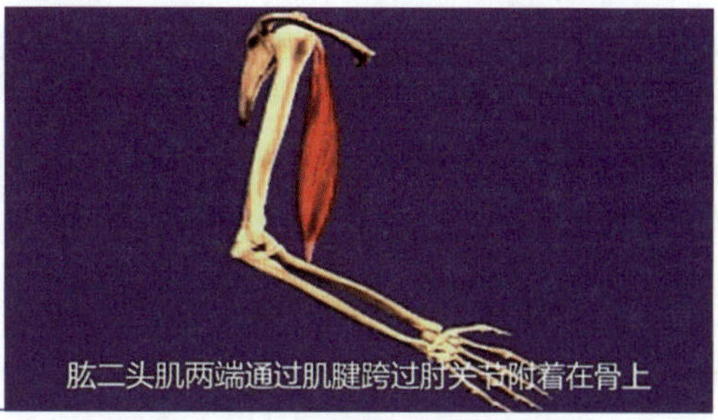

图1-24 肌小节的结构三维动画式微课

12. 虚拟抠像式

虚拟抠像式微课是采用了虚拟抠像技术将教师与背景的图像或者视频整合的一种方式。

虚拟抠像式微课技术的原理如图 1-25 所示。

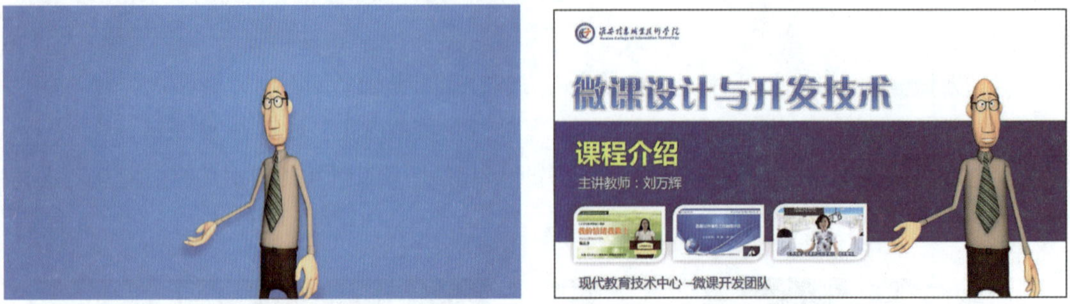

(a) 蓝色背景视频　　(b) 抠像后

图1-25　虚拟抠像式微课技术原理演示

微课“我的情绪我做主”采用了虚拟抠像的制作方式，如图 1-26 所示。

(a) 蓝色背景视频　　(b) 背景视频　　(c) 抠像后

图1-26　虚拟抠像技术在“我的情绪我做主”微课中的应用

虚拟抠像可以应用在各类课程中，能营造一种真实的师生交互，同时也能将多画面同时展现在同一视频中。

总之，无论采用哪种微课形式，只要设计合理、结构优良、画面精致、讲解精彩、情境真实且内容引人入胜都可提升学生的学习兴趣，实现学生的自主、个性化、碎片式学习。

1.5　微课的开发流程

1.5.1　可汗学院式微课开发流程

工具与软件：屏幕录像软件（如视频录像软件 Camtasia Studio、KK 录像机、超级捕快、QQ 视频录像机等）、手写板（数位板）、麦克风、画图工具（如 Windows 自带绘图工具）。

方法：通过手写板（数位板）、数位屏、画图工具对教学过程进行讲解演示，并使用屏幕录像软件录制，或者使用白纸书写，使用手机录制。开发流程如图 1-27 所示。

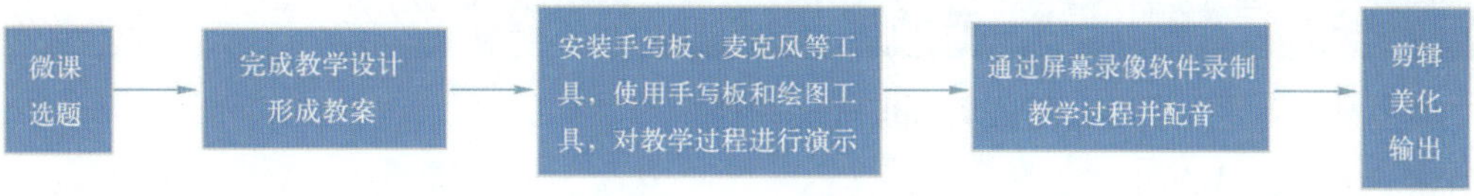

图1-27 可汗学院式微课开发流程图

1.5.2 录屏式微课开发流程

工具与软件：计算机、耳麦（附带话筒）、视频录像软件（Camtasia Studio 、KK 录像机、屏幕录像专家、超级捕快、QQ 视频录像机等）、PPT、Prezi、其他专业软件。

方法：对 PPT 演示、Prezi 演示、其他软件的操作演示进行屏幕录制，辅以录音和字幕。

过程简述：制作录屏式微课首先需要进行选题，完成教学设计，然后根据教学的场景收集相应的文本、图片、音乐、视频等资源，最后制作 PPT 演示文稿或 Prezi 演示文稿。课件调试完成后可以进行计算机屏幕的录制。视频录制完成后可以添加字幕，视频测试后即可输出，开发过程如图 1-28 所示。

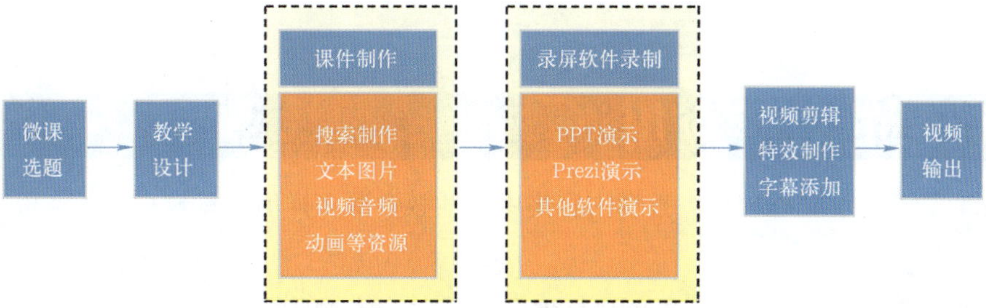

图1-28 录屏式微课开发的基本流程

1.5.3 实拍式微课开发流程

工具与软件：摄像机、黑板或电子白板、投影仪或一体机、会声会影或 Edius 视频编辑软件、其他教学演示工具。

方法：对教学过程摄像记录。

过程简述：首先，针对微课主题，进行详细的教学设计，形成教案；然后，利用黑板、电子白板、投影仪或者一体机展开教学过程，利用摄像机将整个过程拍摄下来；最后，对视频进行简单的后期制作，可以进行必要的编辑和美化，开发过程如图 1-29 所示。

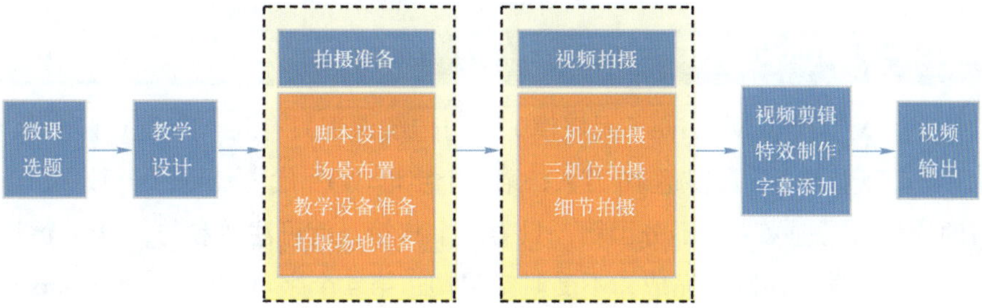

图1-29 实拍式微课开发的基本流程

1.5.4 二维或三维动画式微课开发流程

工具与软件：Flash、Maya 或者 3ds Max 软件。

方法：专业人员绘制。

具体开发过程如图 1-30 所示。

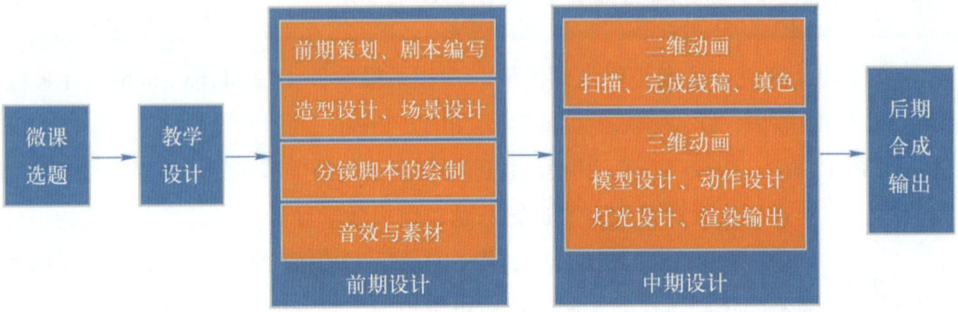

图1-30 二维或三维动画式微课制作的流程

1.6 微课的教学应用

“微课”具有教学时程较短、教学内容集中、辅教资源多样但容量较小、各类资源按需调用便捷等特点。

微课将革新教与学的传统模式，能更好地促进与满足学生的个性化学习。

在网络时代，随着信息与通信技术的快速发展，特别是随着移动数字产品和无线网络的普及，基于微课的移动学习、远程学习、在线学习将会越来越普及。

微课必将成为一种新型的教学模式和学习方式。

1.6.1 传统教学中的应用

当微课作为一种教学资源时，它以视频为主要载体，记录课堂内外教育教学过程中围绕教学要求的某个能力点、技能点、知识点或相关教学环节教师开展教学活动的全过程，视频一般为 5～10 分钟，所以它具备了在课堂教学中使用的条件。传统教学中教师可以使用不同教师录制的视频文件，不仅解决了教学重难点，也可以提高学习的新鲜感。

1.6.2 慕课（MOOC）中的应用

MOOC 中的“M”代表 Massive（大规模），与传统课程只有几十个或几百个学生不同，一门 MOOCs 课程动辄上万人，最多达 16 万人；第 2 个字母“O”代表 Open（开放），以兴趣导向，凡是想学习的，都可以进来学，不分国籍，只需一个邮箱，就可注册参与；第 3 个字母“O”代表 Online（在线），学习在网上完成，不受时空限制；第 4 个字母“C”代表 Course，就是课程的意思。

慕课的核心概念就是“微课、小测验、实时解答”。也就是说，慕课一般以微课或者微视频的形式表示，结合小的测试与实时解答问题。

1.6.3 翻转课堂中的应用

翻转课堂（Flipped Classroom 或 Inverted Classroom）是指重新调整课堂内外的时间，将学习的决定权从教师转移给学生。这种教学模式下，在课堂内的宝贵时间里，学生能够更专注于主动的基于项目的学习，共同研究解决本地化或全球化的挑战以及其他在现实世界中所面临的问题，从而获得更深层次的理解。教师不再占用课堂的时间来讲授信息，这些信息需要学生在课后完成自主学习，他们可以看视频讲座、听播客、阅读功能增强的电子书，还能在网络上与别的同学讨论，能在任何时候去查阅需要的材料。教师也能有更多的时间与每个人交流。在课后，学生自主规划学习内容、学习节奏、风格和呈现知识的方式，教师则采用讲授法和协作法来满足学生的需要和促成他们的个性化学习，其目标是为了让学生通过实践获得更真实的学习。翻转课堂模式是大教育运动的一部分，它与混合式学习、探究性学习、其他教学方法和工具在含义上有所重叠，都是为了让学生的学习更加灵活、主动，让学生的参与度更强。

传统课堂与翻转课堂的教学结构比较如图 1-31 所示。

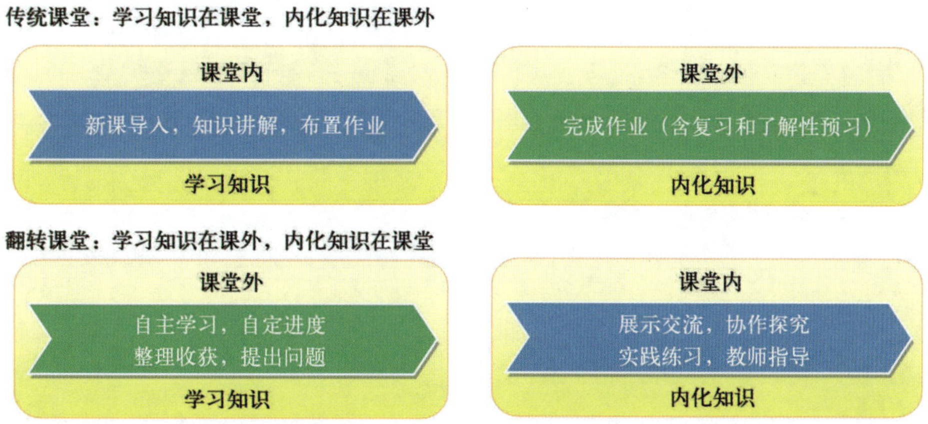

图1-31 传统课堂与翻转课堂的教学结构比较

在翻转课堂教学模式中，微课作为课前自主学习的基础得到了充分应用。

1.6.4 混合学习中的应用

混合学习是在线学习和面授相结合的学习方式。

何克抗教授指出：“所谓 Blended Learning（混合学习）就是要把传统学习方式的优势和 E-Learning（即数字化或网络化学习）的优势结合起来。也就是说，既要发挥教师引导、启发、监控教学过程的主导作用，又要体现学生作为学习过程主体的主动性、积极性与创造性。只有将这二者结合起来，使二者优势互补，才能获得最佳的学习效果。”

微课可以作为网络化学习的核心资源供学生学习，结合面授可以获得最佳效果。

当整门课程如果只有部分章节、任务实施翻转课堂教学的话，今天混合学习也可以理解为传统教学与翻转课堂教学的混合，也算是一种探索与尝试。

Chapter 2

教学设计基础

2.1 教学设计概述

2.1.1 教学设计的内涵

20 世纪 50 年代以来，教学设计作为一个重要的研究领域被国内外学者重视起来，并逐渐发展成了教育技术领域的重要研究方向。伴随着国内外学者研究的不断深入，教学设计的理论和实践得到了不断的深化。

国外学者布里格斯（Leslie J.Briggs）认为，“教学设计是分析学习需要和目标以形成满足学习需要的传送系统的全过程”。在此基础上瑞达·瑞奇（Rita Richey）认为，“教学设计是为了便于学习各种大小不同的学科单元，而对学习情景的发展、评价和保持进行详细规划的科学”。当代教学设计大师加涅（R.M.Gagne）在其 1985 年出版的《教学设计原理》中认为，教学设计是一个系统规划教学系统的过程。当代著名教学设计理论家迪克（W.Dick）和凯里（L.Carey）在其《教师规划指南》中认为，教学设计是设计、开发、实施和评价教学的系统化过程。这些有关教学设计概念的描述，对人们从不同角度认识教学设计的本质都有一定的启发和借鉴作用。

国内学者王辉认为，“教学设计是以获得优化的教学效果为目的，以学习理论、教学理论和传播理论为理论基础，运用系统方法分析教学问题、确定教学目标，建立解决教学问题的策略方案、试行解决方案、评价试行结果和修改方案的过程”。李伯黍认为，“所谓教学设计，就是为了达到一定的教学目的，对教什么（课程、内容等）和如何教（组织、方法、传媒的使用等）进行设计”。顾明远认为，“教学设计就是研究教学系统、教学过程，制定教学计划的系统方法”。乌美娜认为，“教学设计作为一个系统计划的过程，是应用系统方法研究、探索教学系统中各个要素之间的关系，并通过一套具体的操作程序来协调配置，使各个要素有机结合完成教学系统的功能”。

教学活动具有明确的目的、丰富的内容、复杂的对象、不同的形式、多样的方法、灵活的传媒、固定的时间、繁重的任务以及影响教学活动的各种多变的因素。教学活动要在诸多因素影响下，取得令人满意的绩效，优质高效地达到预定目标和完成预期任务，更需要对其进行全面细致的安排和精心巧妙的设计。因此，教学设计就是在进行教学活动之前，根据教学目的的要求，运用系统的方法，对参与教学活动的诸多要素所进行的一种分析和策划的过程，运用传播理论选择最恰当的教学内容的传播方式；运用学习理论归纳总结人类学习规律，使教学过程更加符合学习者学习的内在规律；运用教学理论使教学设计符合教学规律，选择和设计灵活多样的教学方式或教学模式。简言之，教学设计是对教什么和如何教的一种操作方案。

2.1.2 教学设计的特点

1. 教学设计强调运用系统方法

教学设计把教学过程视为一个由诸要素构成的系统，因此需要用系统思想及方法对参与教学过程的各个要素及其相互关系作出分析、判断和操作。教学设计的系统方法是指从“教什么”入手，对学习需要、学习内容、学习者进行分析；然后到“怎么教”，确定具体的教学目标，制定行之有效的教学策略，选择恰当的媒体，具体、直观地表达教学过程中各个要素之间的关系，对教学效果作出评价，根据反馈信息调控教学设计的各个环节，以确保教学和学习获得成功。

2. 教学设计以学习者为出发点

教学设计非常重视对学习者不同特征的分析，教学设计要分析学习者的起点能力、一般特点和学习风格等，并以此作为教学设计的出发点和进行教学设计的依据。教学设计强调充分挖掘学习者的内部潜能，开发脑资源，调动他们学习的主动性和积极性，突出学习者在学习过程中的主体地位，促使学习者内部学习过程的发生和有效进行。教学设计注重学习者的个别差异，着重考虑的是对个体学习的指导作用。

3. 教学设计以教学理论和学习理论为其理论基础

教学设计依赖系统方法，可以保证过程设计的完整性、程序性和可操作性，但设计对象的科学性是系统方法无法解决的。保证设计对象的科学性，必须依据现代教学理论和学习理论。在教学理论和学习理论指导下，才能设计出明确的、具体的、具有可观察的教学目标，才能依据学习者的实际，确定科学的教学程序，选定合适的学习内容，采取恰当的教学策略，选择有效、经济的教学传媒体系，从而保证能形成一个优化的教学设计实施方案，保证提高教学效率和教学效果。

4. 教学设计是一个问题解决的过程

教学设计是以促进学习者有效学习为目标的。因此，教学设计不仅是以学习内容为依据，更要以学习者所面临的学习问题为出发点，进而捕捉问题，确定问题的性质，分析研究解决问题的方法，最终达到解决学习者所面临的学习问题的目的。从以上分析来看，教学设计不是以现成的方法找问题，而是以学习者所面临的学习问题找方法。这就增强了教学设计的科学性，同时也增强了教学的针对性，提高了教学的有效性，缩短了教学时间，提高了教学效率，使教学活动形成优化运行的机制。

2.1.3 教学设计的功能

教学设计具有以下功能。

- 教学设计有助于突出学习者的主体地位。
- 教学设计有助于增强学习者的学习兴趣。
- 教学设计有助于增强教学工作的科学性。
- 教学设计有助于提高教学效率和教学效果。

- 教学设计强调了目标、活动和评价的一致性。

2.1.4 教学设计的要素与基本任务

教学设计必须解决好 4 个基本问题：一是学习者的特点是什么；二是教学的目标是什么；三是教学资源和教学策略是什么；四是怎样评价和修改。依据这 4 个问题可知教学设计包含 4 个基本要素，即学习者、教学目标、教学策略和教学评价。

教学设计基本任务一般包含学习需求分析、学习内容分析、学习者分析、学习目标的描述、制定教学策略、选择教学媒体和教学效果评价等诸多要素。

教学设计的基本任务见表 2-1。

表 2-1 教学设计的基本任务

基本要素	基本描述
学习需求分析	根据实际工作的需求分析结果，实践证明的学生有学习难度的内容和其他对教学的新需求，制定学习目标，确定学生学习完以后能够做什么
学习内容分析	确定学习目标以后，就要研究怎样的学习内容，才能够使学生逐步达到这些目标，根据学生先前的认知，现需求什么样的知识、技能和态度才能进行学习
学习者特征分析	学习者分析是教学设计必要的环节，对学生进行分析，了解学生当前的知识、技能和态度、水平以及学生学习风格等特征，确定教学的起点
学习目标的确定	通过教学分析确定教学起点后，陈述学习目标。学习目标将描述学生通过教学以后，能够达到的学习效果和行为标准
教学策略的制定	根据前面的准备工作，制定达到具体学习目标的实施教学的策略，它包含教学过程（如教学前、教学中、教学后等环节）的策略
教学媒体的选择	教学策略在设计教学中采用什么样的教学媒体取决于学习的形式、媒体相关内容是否有利于教学，教学媒体材料是否能优化教学效果
成果评价	它主要包括形成性评价和总结性评价两种。形成性评价对学习需求分析、学生分析、教学起点分析、教学策略等的有效性进行再检验；总结性评价主要是实施教学设计方案后对教学设计成果的一个最终评价，为后续的教学设计提供借鉴

2.2 教学设计的理论基础

2.2.1 系统理论

1. 系统概念

一般系统论创始人奥地利学者贝塔朗菲定义“系统是相互联系相互作用的诸元素的综合体”。这个定义强调元素间的相互作用以及系统对元素的整合作用。可以表述为，如果对象集 S 满足下列两个条件：一是 S 中至少包含两个不同元素，二是 S 中的元素按一定方式相互联系，则称 S 为一个系统，S 的元素为系统的组分。这个定义指出了一般系统的三个基本特征。

① 整体性。系统是所有元素构成的复合统一整体。

② 三类方式相关性。系统不存在孤立元素组分，所有元素或组分间相互依存、相互作用、相互制约。

③ 多元性。系统是多样性的统一，差异性的统一。

2. 教学设计系统观

系统理论指导下的教学设计，在最大程度上摆脱了传统教学思想的束缚，树立了崭新的教学理念，那就是以学习者为中心，突出学习者的中心地位，而以学习者的“学”为教学设计的出发点，遵循了学习的内在规律。在系统理论指导下的教学设计，要根据学习者的学习能力和水平以及客观条件制定教学目标；要按照教学目标的要求和学习者的实际情况挑选不同的教材；要依据学习者的初始状态安排不同的教学活动，提供不同的教学资料，并参照学习者的初始状态来评价教学效果；要根据学习者的学习特征，选择不同的教法，安排不同的学法；要根据不同的学习理论原则来安排教学内容的顺序；要根据学习者掌握学习内容所消耗的时间的差异，因人而异地做出适当的安排；要以传播理论为依据选用教学媒体；要发挥其自身在教学过程中的指导者、管理者、咨询者和促进者的作用。

教学设计的系统观指出，从教学设计过程本身看，教学设计过程是一个系统，它由各个要素构成，这些要素主要包括学习需要、学习内容、学习者的特征等方面的分析；教学目标、教学策略、教学媒体等方面的确定和选择；教学活动的具体展开，教学效果的评价等。这些要素相互联系和相互依赖，形成一定的结构，指向特定的目标，所有要素发挥各自的作用并形成一定的整体功能，构成一个有机的整体。

教学设计的系统观要求以系统论的思想和观点作为教学设计的指导思想。从系统论的角度出发，对参与教学过程的要素、各个要素构成的结构和教学环节等进行最优化的设计，以期获得最佳的教学效果。在最大程度上摆脱传统教学思想的束缚，克服只凭主观经验进行教学活动的倾向，充分体现现代教学的特点。只有对教学过程实行最优化的设计，才有可能使教学达到最优化。因此，教学设计的系统观是实现教学最优化的关键所在。

2.2.2 传播理论

1. 传播概念

所谓传播，就是通过一定的渠道，运用一定的方式或方法，将有关信息从一个地方传送到另一个地方。传播理论就是运用现代传播学的理念与方法，对相关信息传送的过程与方式、信息的结构和形式、信息的效果和功能等方面做出相应的解释与说明。用信息传播理论来分析教学活动，教学内容（各类知识、各种技能、思想观念、意识等）是多样化的教学信息，教学过程就是一种信息传播的活动。

2. 教学设计传播观

传播理论的基本思想和观点，可以应用到教学设计中。

教学设计可应用传播理论的一些具体方法。例如，对学习者的分析，其宗旨就是要了解学习者原有的经验、兴趣和动机等，以便使信息发送者清楚信息接受者具备哪些经验。传播模式中的反馈是为了了解信息接受者是如何解释所发出的信息，接收的效果如何。教学设计也必须通过反馈环节不断地了解学习者的学习需要，以便及时修改教学信息，使传送的教学信息更加科学合理、高效流畅。

传播理论十分重视传播媒体的分析和选择，不同的媒体将产生不同的传播效果。教学设计也十分重视教学媒体的分析和选择，因为教学媒体是传递教学信息的通道，哪些通道便于学习者理解和接受教学信息，哪些通道有利于提高教学效率和效果，这是进行教学设计时必须加以考虑的。

同时，应用传播理论可以使教学设计者科学地考查学习者接受信息的能力，以便有效地提高学习者理解和接受教学信息的能力和水平。

2.2.3 学习理论

1. 学习概念

日常所理解的学习是泛指人的行为的改善，而学习理论中所讲的学习是泛指有机体因经验而发生的行为的变化。加涅认为，学习是人的倾向性或能力的变化，但这种变化要保持一定时期，且不能单纯归因于生长过程。梅耶（ Mayer ）则认为，学习是由经验引起的一个人的知识或行为相对持久的变化。不同学派的学习理论对学习有不同的理解和认识。归纳起来主要有三类，学习是指刺激与反应之间的联结与加强（行为主义）；学习是指个人认知结构的改变（认知学派）；学习是指自我概念的变化（人本主义）。这些定义可以包含以下三个方面的含义：第一，这种变化持续的时间不是短期而是长期的；第二，这个变化是指大脑中知识内容结构的变化或者是学习者行为的变化；第三，变化的原因是环境中学习者的经验变化，而不是由于成熟、疾病、药物等引起的。

2. 各种学习理论对教学设计的影响

行为主义学习理论非常强调环境对学习影响的重要作用，非常重视学习环境的设计与分析。行为主义学习理论中的程序教学理论对教学设计的重要影响，就是其对教学设计中教学组织形式的思考，教学者在教学过程中设计了一系列有序的刺激项目（学习项目），学习者从他所知道的东西开始，通过刺激—反应—强化的步骤学习，从而获得教学目标所要求他们学习的知识。行为主义学习理论虽然注重和强调了学习者通过学习活动产生变化的一个侧面，即学习者变化的可观察性这一方面，但是它没有深入地考虑学习过程中学习者的思维过程、心理状态以及许多无法通过行为直接观察到的心理现象，未涉及学习者的内在认知结构和学习能力。

认知学习理论对教学设计的理论基础形成的影响，主要体现在以下几方面的观念：学习中存在着不同水平的认知过程；学习的积累及其合理恰当与否，取决于学习者已有的认知结构；学习是知识在人们头脑中不断组织和表征的过程，学习过程应是学习者一种积极的建构过程；在教学设计过程中，要根据认知的过程对学习的任务和行为进行分析。

建构主义学习理论特别强调学习者在学习过程中的自主建构、自主探究和自主发现，并要求将这种自主学习与基于情景的合作学习和基于问题解决的研究性学习结合起来，因此就特别有助于学习者创新意识、创新思维、创新能力以及合作精神的培养。根据建构主义学习理论的基本理念，在教学设计过程中，教师必须走出教学中以自我为中心的传统角色定式，在教学设计中真正贯彻尊重学习者的个性，倡导积极交往与对话，积极开展自主学习、合作学习和研究性学习的教学观念。因此，教师在进行教学设计工作时，要能够针对学生认知结构的不同特点，选择和设计灵活多样的教学方式或教学模式。

2.2.4 教学理论

1. 教学概念

概括地说，教学是教师与学生以课堂为主渠道的交往过程，是教师的教与学生的学的统一的活动。通过这个交往过程和活动，学生掌握一定的知识技能，形成一定的能力态度，人格获得一定的发展。

2. 教学观

教学是一种促使学习者从他主、他导、他律到自主、自导、自律转移的过程。成功的学习者必然具有自主（自己作主）、自导（自己指导自己）、自律（自我约束）的特征，这是教育者所期望看到的。

教学是一种有着明确目标的交往过程。教学是指向特定目标的师生、生生的交往活动。师生交往的主导方是教师，因为这不是一种自然交往，而是一种强制交往。教师主导着师生关系的根本性质。良好的师生关系必须以尊重和爱护学生、宽容和信任学生为基础。

教学并非是一种确定性的过程。教学的结果和目标总是存在着某些不一致性，因为教学系统是一个复杂系统，这个过程中可能包含传播、协作、冲突、协商等，但这些内容又无法代表教学的全部，即使人们尽心设计、精心组织，但仍然有不确定的因素导致达不到预期目标。

教学作为一种系统，本身包含很多方面的内容。既包括教师如何教得更好，也包括学生如何学得更好。而教学设计作为一门规划教师教学的技术，自然而然地包含于教学这个系统之中。因此，教学理论是教学设计者最直接的理论来源。

2.3 典型教学设计模式

教学设计的模型是经过长期的教学设计实践活动所形成的教学设计的稳定的系统化操作范型，它用简约的方式，提炼和概括了教学设计实践活动的经验，解释和说明了教学设计的理念与有关理论。教学设计的模型既是教学设计理论的具体化，又是教学设计实践活动的升华，它同时具有理论和实践的性质，它是教学设计理论与实践的紧密结合。在长期的教学设计研究与设计中，形成了多种教学设计模式，这里主要介绍国内外 4 种比较典型的教学设计模式。

2.3.1 加涅和布里格斯教学设计模式

加涅和布里格斯的教学设计模式是建立在现代认知学习理论基础之上的，即建立在信息加工学习理论的基础之上，其核心内容是为学习者提供有效学习的基本程序和教学的基本程序，这一教学基本程序包括以下九大教学事件。

① 引起注意。

② 告知学习者学习目标。

③ 回顾所需的先决技能。

④ 呈现刺激材料。

⑤ 提供学习指导。

⑥ 引发学习行为。

⑦ 提供行为正确与否的反馈。

⑧ 评估学习行为。

⑨ 增强保持与迁移。

加涅和布里格斯指出，在上述九大教学事件中，具体的教学设计应集中在④～⑥三步上。这一教学设计模型强调教学设计要根据实际情况灵活地运用教学技巧，巧妙地安排教学活动，以优化每一个教学事件，提高教学活动的整体效果。在此基础上，他们构建的教学设计模型包括以下 9 个阶段。

① 教学目标。

② 教学分析。

③ 起点行为和学生的特征。

④ 作业目标。

⑤ 标准参照的测验项目。

⑥ 教学策略。

⑦ 教学材料。

⑧ 形成性评价。

⑨ 总结性评价。

加涅和布里格斯的教学设计模型如图 2-1 所示。

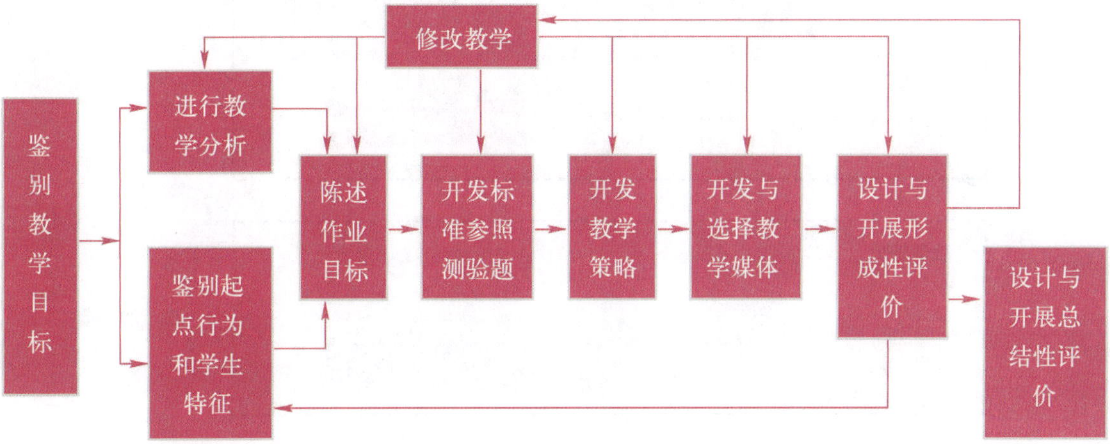

图2-1 加涅和布里格斯教学设计模型

2.3.2 史密斯-雷根教学设计模式

史密斯（P.L.Smith）.雷根（T.G.Ragan）教学设计模式吸取了心理学家加涅在"学习者特征分析"环节中注意对学习者内部心理过程进行认知分析的优点，并注重认知学习理论对教学内容组织的指导作用，在学习理论上体现了行为主义与认知主义的结合，贯彻了加涅提出的"联结－认知"学习理论的基本思想。史密斯－雷根教学设计模型如图 2-2 所示。

从图 2-2 可以看出，史密斯－雷根教学设计模型主要包含以下基本内容。

① 将教学活动分为教学分析、策略设计和教学评价三大环节。

② 将教学分析明确地分为三个方面：一是学习环境分析；二是学习者特征分析；三是学习任务分析（包括教学目标的分析和教学内容的分析）。

③ 三类教学策略：一是教学组织策略，包括教学内容应该按哪种方式组织、教学程序应该如何排列以及具体教学活动应该如何安排等方面的策略；二是教学内容传递策略，指有关教学媒体的选择、使用以及如何将学生组织起来等方面的策略；三是教学资源管理策略，即如何对教学资源进行计划和分配等方面的策略。

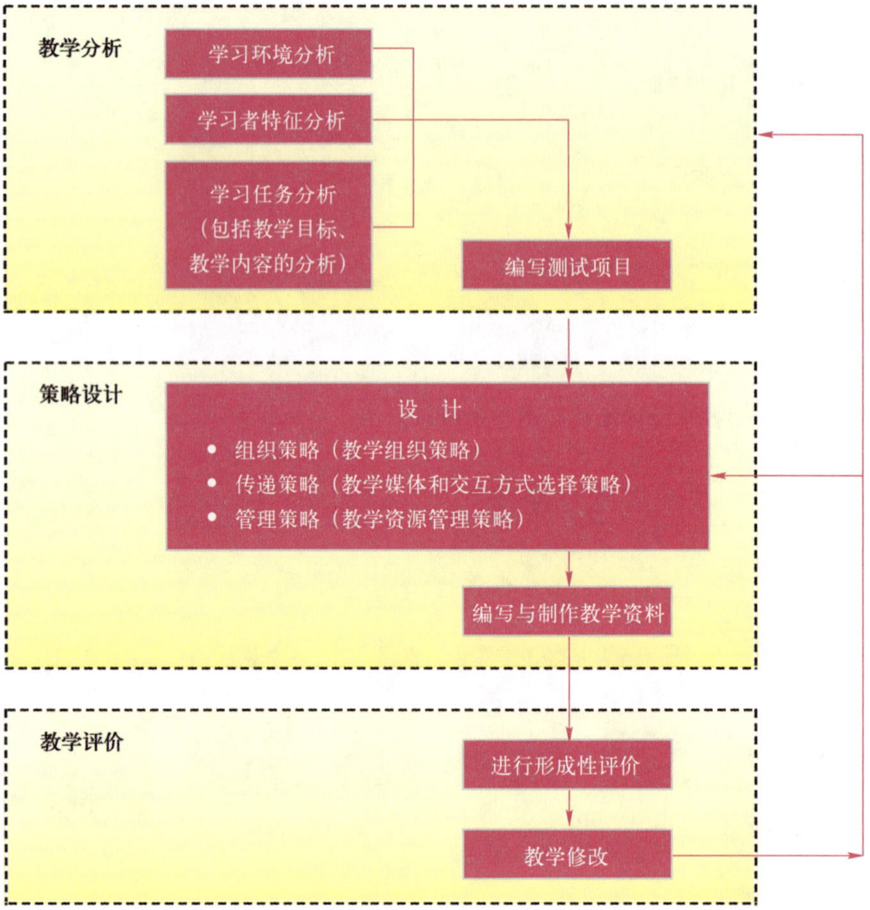

图2-2　史密斯-雷根教学设计模型

2.3.3　建构主义教学设计模式

建构主义学习理论认为，学习者的学习不是被动地接受知识灌输的过程，而是通过主观认知与客观知识的相互作用，建构起对新知识的理解的过程。在这个过程中，尤其受关注的是学习者主动性的发挥和知识建构的意义性。

在建构主义学习理论指导下的教学模式是以学生为中心，以教师为组织者、指导者和帮助者，利用情景、协作、会话等要素充分发挥学生的主动性，最终达到学习者对所学知识的意义建构。基于建构主义的典型教学设计模型如图 2-3 所示。

2.3.4　主体-主导教学设计模式

北京师范大学何克抗教授在深入分析“以教师为中心”和“以学生为中心”的教学设计模式的基础上，结合我国教育的实际情况，提出了“主导 - 主体”教学设计模式，强调既要发挥教师的主导作用，又要体现学生在学习过程中的主体地位。

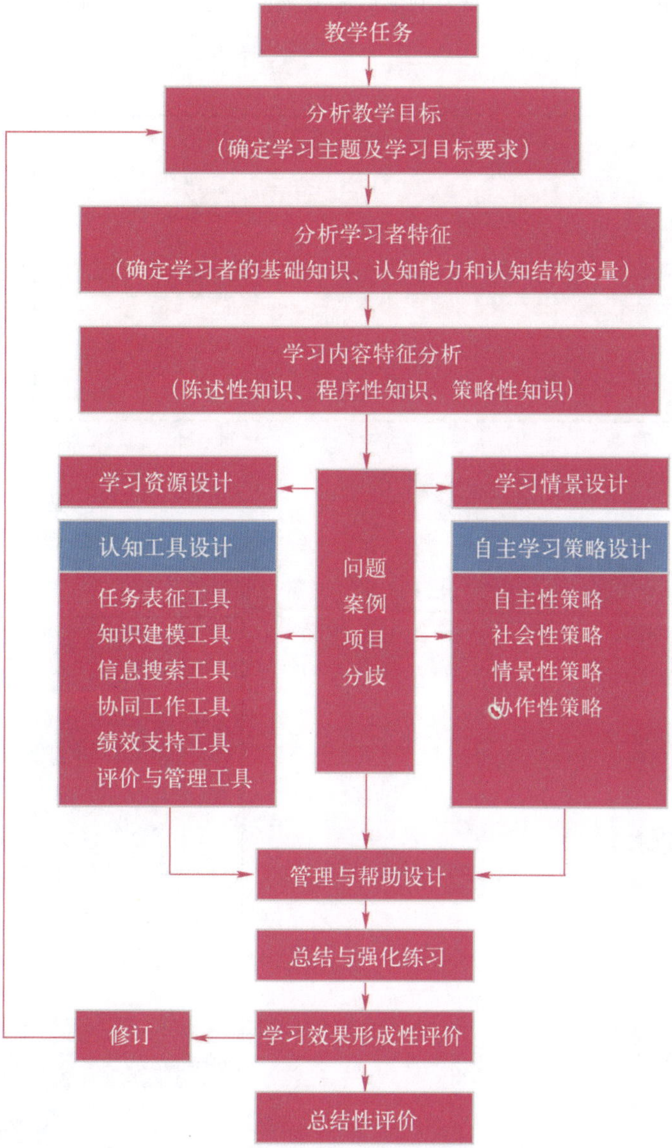

图2-3 建构主义教学设计模型

“主体 - 主导”设计模型如图 2-4 所示。

从图 2-4 可以看出，“主导 - 主体”教学设计模式具有以下 4 个特点。

① 可根据教学内容和学生的认知结构情况灵活选择“发现式”或“传递 - 接受”教学分支。

② 在“传递 - 接受”教学过程中基本采用“先行组织者”教学策略，同时也可采用其他的“传递 - 接受”教学策略（甚至是自主学习策略）作为补充，以达到更佳的教学效果。 1

③ 在“发现式”教学过程中也可充分吸收“传递 - 接受”教学的长处（如进行学习者特征的 2
分析和促进知识的迁移等）。 3

④ 便于考虑情感因素（即动机）的影响：在“情境创设”框（左分支）或“选择与设计媒体” 4
框（右分支）中，可通过适当创设的情境或呈现的媒体来激发学习者的动机；而在“学习效果评价” 5
环节（左分支）或根据形成性评价结果所做的“教学修改”环节（右分支）中，则可通过讲评、小结、 6

鼓励和表扬等手段促进学习者三种内驱力的形成和发展（视学习者的年龄与个性特征决定内驱力的种类）。

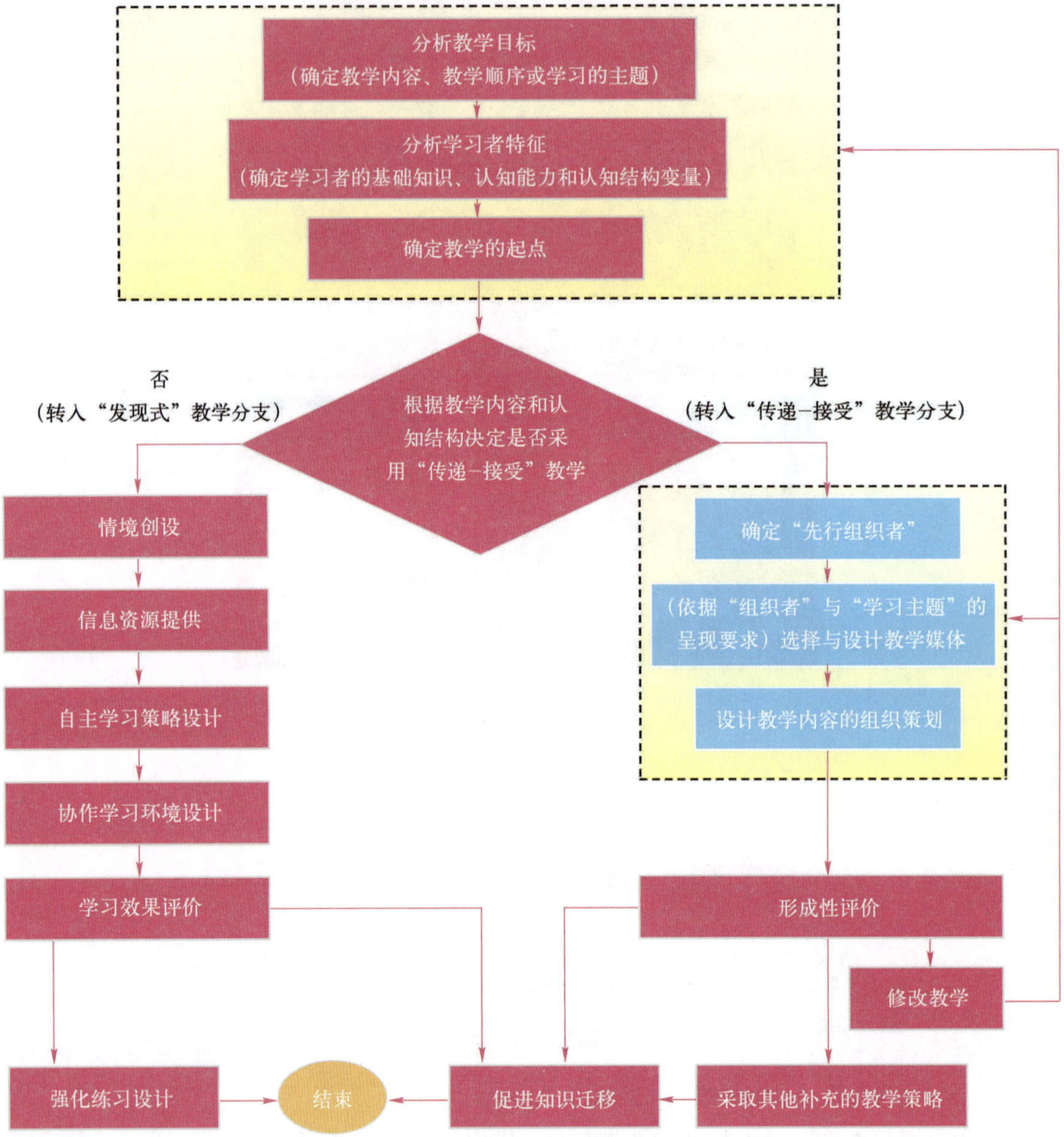

图2-4 “主导-主体”教学设计模型

Chapter 3

教学设计理论在微课中的应用

3.1 微课教学设计概述

3.1.1 教学设计与微课教学设计

教学设计强调的是在进行教学活动之前，根据教学目的要求，运用系统方法，对参与教学活动的诸多要素所进行的一种分析和策划过程。简言之，教学设计是对教什么和如何教的一种操作方案。

微课教学设计是根据微课的教学目标与功能，应用系统方法综合考虑教学中各要素之间及与整体的本质联系，并在设计微课时综合协调它们的关系，以形成时间短、内容精、视频为主要载体的微课的策划过程。

特别须要注意的是，常规的教学设计是基于教师和学生双边教学活动的设计，整个教学过程包含师生的互动，而微课的教学设计主要是基于教师单边的教学设计，微课中没有师生互动，主要包含微课学习中或者学习后的主观与客观测试、讨论与练习。

微课的质量高低，首要因素就是微课的教学设计。合理的教学设计是保持学习者有意注意的最佳方式，其次才是微课的表达形式。

微课教学设计是教学设计理论在微课开发过程中的应用，微课教学设计应更强调学生的自主学习，要考虑学习时间的零散性与片段性，学习内容是独立的知识点或技能点，学习媒介的多样化，学习方式的个性化与网络化，教学活动是单方面的，只是学生依托视频的单方面的学习。

在重难点的微课设计中，微课教学设计应考虑微课讲授知识时要高内聚、低耦合的特点。内聚就是指微课内部各个知识模块之间关系的紧密程度；耦合就是各个微课之间的知识关联的紧密程度。所以，高内聚实现了单个微课描述的知识要紧凑、要独立，低耦合则强调了微课与微课间的联系要少，这样学习者更容易明白。在综合知识的微课设计时，则要主动加强知识之间的联系，使学习者能够综合运用所学知识。

3.1.2 微课教学设计的原则

微课的教学设计主要遵循微型化、以学习者为中心、实效性、易懂的原则。

1. 微型化

在知识爆炸的时代，信息资源的无限量与注意力的有限性两者存在矛盾，因此微博、微信、微课等微型化的资源受到热捧。微课就是微型课，课程时间短，通常仅为 5 ～ 8 分钟，最多不超过 15 分钟。微课要有效利用学习者的碎片化时间，精心设计内容明确、短小精悍的教学视频，以减少学习者的认知负荷，维持学习者的注意力，提高学习者的学习效率。当然，在坚持微型化原则的同时，要注意微课的系统化设计，以保障微视频结构的相对完整性。

2. 以学习者为中心原则

微课是为学习者服务的，往往以学习者的最终学习体验为衡量课程效果的评定标准。在课程设计过程中，课程内容的选择、学习活动和各项资源的组织都要围绕学习者这个中心进行。在课程内容选择方面，应先了解学习者的学习需求，明确他们要的是什么；在学习活动和学习资源的组织上，要充分体现学习者的主体地位，调动学习者的学习主动性，激发学习者的学习兴趣。

3. 实效性原则

微课是为广大的学习者提供帮助的。在教学设计之前，一定要充分了解学习者真正需要的是什么，在他们学习过本微课之后，是否能够帮助他们顺利解决在日常生活中碰到的现实问题。微课内容的选择要来自于真实的生活情景或存在的现实问题，让学习者意识到这节微课是与大家的生活息息相关的，以真实情境引发要讨论的问题，不仅能够激发学习者的学习兴趣，还能保持学习者的学习动机。

4. 易懂性原则

易懂原则是指在微课教学设计时要把抽象的问题形象化，复杂的问题简单化。具体来讲就是教学媒体的选择要恰当，要选择最适合的表现形式。从戴尔的“经验之塔”可以看出，各种教学媒体所体现的学习经验层次是不同的，有的属于具体的经验，有的属于替代的经验、间接的经验，有的则属于抽象的经验。因而，不同的教学内容应选择不同的教学媒体来体现。或者说，不同的教学媒体适合表现不同的教学内容。

3.2 微课教学设计的流程

3.2.1 微课教学设计基本模型

教学设计的系统模型在微课中的应用，结合职业教育的特点以及人们对教学设计过程模式的理解与认识，形成微课的教学设计模型，如图 3-1 所示。

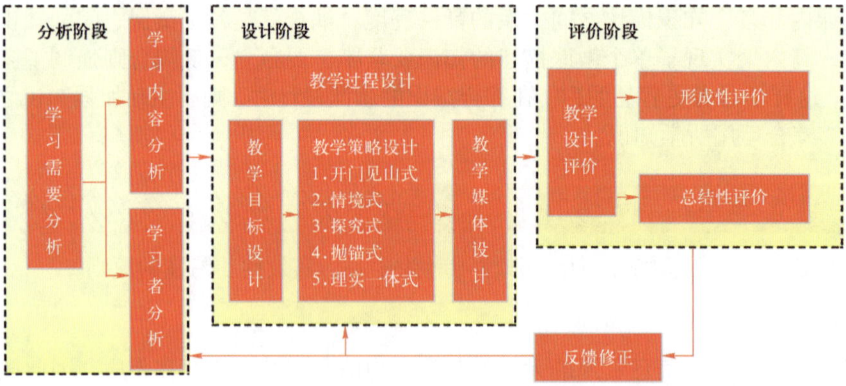

图3-1　微课教学设计模型框架图

3.2.2 微课教学设计的模型构成

1. 学习需要分析

教学系统同其他系统一样，都有一定的目标，教学目标确定的依据之一就是针对教学系统环境的分析。这是系统理论中的一条重要原则——教学系统的目标应根据更大的教育系统的环境要求来确定，这是进行教学设计的逻辑起点。针对职业教育，教学目标就是通过受训者所准备从事的职业、岗位的具体要求来确定。

由此可以看出，在制定教学目标之前，必须分析教学系统的环境，分析教学系统环境的过程，就是对学习需要的分析。只有在客观地分析了学习需要的基础上，才能提出并确定教学设计课题的目标。同时，还有许多其他问题需要考虑。例如，开展教学设计需要哪些条件？有哪些不利因素？哪些因素必须考虑进去？哪些因素可以从轻考虑？等等。总之，在学习需要分析中，必须解决教师“为何教”，学习者“为何学”的问题。

2. 学习内容分析

根据教育目标的指引，各级不同的学校有不同的培养目标，不同课程要确定不同的教学目标。根据课程目标，确定课程标准，选择教材。在此基础上，依据课程的整体目标，确定单元目标，在确定目标的过程中，就要着重分析学习者需要学习哪些知识和技能（知识点与技能点），达到什么程度和水平以及培养何种能力和态度，使其身心获得怎样的发展。学习内容的分析与学习者的分析密切相关，不仅要考虑教师如何教授这些内容，更要考虑学习者怎样学习这些内容。总之，在学习内容的分析中，必须解决教师“教什么”，学习者“学什么”的问题。

3. 学习者的分析

奥苏伯尔和加涅等心理学家的研究表明，学习者对某项学习目标的学习已具备的知识和技能、了解和掌握的程度是教学工作成败的关键。这就告诉大家，完成教学设计的蓝图，必须分析学习者在进入学习过程前所具有的一般特征，必须确定学习者的初识状态，必须注意学习者认知结构的特点，必须了解学习者的学习准备状况。因此，要分析学习者的生理、心理特点，从事某项学习的知识和技能的储备状态，并据此进行教学设计。

在目前的高职教育中，生源处于多样化的状态。多样化指多种生源，具体指对口单招、普招、“3+2”专本连读、单独招生、“3+3”招生、注册入学等几种类别。针对多种生源的学习基础参差不齐、学习能力相差悬殊、个性鲜明等情况，无论从系统设计上，还是在具体课程的教学设计上都要敢于实践与创新。单钝根据教学内容进行微课教学设计而不考虑学习者的水平与能力，不可能获得良好的教学效果。总之，教学设计要以学习者为中心，时刻考虑“谁学”的问题。

总之，教学设计要以学习者为中心，时刻考虑“谁学”的问题。

4. 教学目标的设计

在对学习需要、学习内容和学习者分析结果的基础上，就需要对教学目标进行设计和编写。教学系统方法和现代教学理论强调：教学目标应该预先确定；教学目标应该说明学习结果，并以具体的、明确的术语加以表述；在教学活动前，必须把教学目标明确地告知学习者，使师生双方都明确教学目标，做到心中有数，以使教学、学习活动有的放矢。例如马杰提出，应以学习者通过学习后所期望达到的行为改变的具体指标来确定教学目标，而泰勒早在 20 世纪 30 年代就有类似的思想。不管从什么角度确定教学目标，它都应是明确、具体的。明确具体的教学目标有利于教学策略的制定和教学媒体的选择，同时也为教学评价提供了依据。

5. 教学策略的设计

教学目标确定后，就要进行教学策略的设计。教学策略是实施教学过程的教学思想、方法模式、技术手段这三方面动因的简单集成，是教学思维对其三方面动因进行思维策略加工而形成的方法模式。教学策略是为实现某一教学目标而制定的、付诸于教学过程实施的整体方案，它包括合理地组织教学过程，选择具体的教学方法和材料，制定教师与学生所遵守的教学行为程序。教学策略是实现教学目标的重要手段，是教学设计研究的重点。教学策路主要研究课的类型与结构、教学的顺序与节奏、教学的活动、教学的方法、教学的形式、教学的时空安排、教学活动失效对策等问题。简言之，教学策路主要解决教师“如何教”和学习者“如何学”的问题。

教学策略的设计需要考虑诸多因素，必须创造性地开展教学设计工作，灵活地安排教学活动，巧妙地设计各个环节，合理地安排各种因素，使之形成一个优化的结构，以发挥整体功能，求得最大的效益，因此人们应遵循的原则是“低耗高效”。

6. 教学媒体的设计

过去，教学媒体主要是黑板与粉笔，而现代科技的突飞猛进为教育提供了越来越多的教学媒体。所以，现在可以选择的教学媒体多种多样，选择的余地也很大。

（1）选择教学媒体的依据

依据教学目标。每个知识点都有具体的教学目标，为达到不同的教学目标常需要使用不同的媒体去传递教学信息。

依据教学内容。各门课程的性质不同，适用的教学媒体会有所区别；同一学科内各章节的内容不同，对教学媒体的使用也有不同要求。

依据教学对象。不同接受能力的学生对事物的接受能力不一样，选用教学媒体时必须顾及他们的年龄特征。

依据教学条件。教学中能否选用某种媒体，还要看当时当地的具体条件，其中包括资源状况、经济能力、师生技能、使用环境、管理水平等因素。

（2）选择教学媒体的原则

最优决策原则。教学媒体有许多种类，各种教学媒体有其优势与不足，没有一种能对教学情境都适用的教学媒体，所以要考虑在媒体的功效与所付出的代价之间取得最优决策。

有效信息原则。从戴尔的“经验之路”可以看出，各种教学媒体所体现的学习经验层次是不同的：有的属于具体的经验，有的属于替代的经验、间接的经验，有的则属于抽象的经验。因而，不同的教学内容应选择不同的教学媒体来体现。或者说，不同的教学媒体适合表现不同的教学内容。

优化组合原则。各种教学媒体都有各自的优点，也有各自的局限性，没有一种可以适合所有教学情况的“超级媒体”。各种教学媒体的有机组合将会扬长避短、优势互补，取得整体优化的教学效果。但是，媒体的组合要以取得最佳的教学效果为出发点，而不只是形式上的相加。

总之，不仅要选择教学媒体，还要具体设计教学媒体。教学媒体的设计是根据教学的实际需要和具体要求，将教学内容与方法转换为印刷的或视听的等具体详细、具有可操作性的实施方案，以把学习内容充分展示给学习者，使学习者花费最少的时间，投入最少的精力，用最简捷的方式，获得最大的学习效果。

7. 微课教学过程的设计

经过以上三个分析环节与三个设计阶段，教学设计者即可着手设计教学过程，即用流程图的形式，简洁地描述教学过程，简明扼要地表达个要素之间的相互关系，直观地表示教学过程，给教师提供一个可供参考的教学流程。教学设计专家完成的更多的是教学设计过程模式的理论模型，实际具体完成教学设计任务的主体是教师。所以，一般情况下，作为微课的教学设计可以采用思维导图的方式来实现。

思维导图又叫心智图，是表达发射性思维的有效的图形思维工具 ，它简单却又极其有效，是一种革命性的思维工具。思维导图运用图文并重的技巧，把各级主题的关系用相互隶属与相关的层级图表现出来，把主题关键词与图像、颜色等建立记忆链接。思维导图充分运用左右脑的机能，利用记忆、阅读、思维的规律，协助人们在科学与艺术、逻辑与想象之间平衡发展，从而开启人类大脑的无限潜能。思维导图因此具有人类思维的强大功能。

8. 教学设计的评价

经过以上各环节，就可得到教学设计的初步产品，即教学设计的实施方案。设计的方案能否带来理想的教学效果？学习需要、学习内容和学习者的分析是否准确、到位？教学目标的确定是否明确、具体？教学策略设计得是否合理、科学？教学媒体的选择与设计是否经济、有效？要回答这些问题，必须对教学设计进行评价。

对教学设计进行评价主要采用形成性评价，也就是在教学设计成果推广使用之前，先在一定范围内试用，以了解教学设计的可行性、有效性、实用性等效果。其中，教学目标的达成度是教学设计实施方案评价的主要方面。如果没有达到预取的教学目标，则要修改教学设计实施方案，然后再试用，再修改，直到满意为止。也可以采用总结性评价。

3.2.3 微课的教学顺序

微课的教学顺序在整个教学设计中是非常重要的。由于微课具有短小精悍的特点，所以在有效的时间里讲什么内容是非常重要的。因此应充分考虑如何引入讲授内容，如何吸引学习者的注意力，知识如何展开，如何深入与拓展，如何指导，如何结尾等。通常来讲，微课的通用教学顺序为引起注意，明确目标，知识讲授，教学指导，教学小结。微课通用的教学顺序如图 3-2 所示。

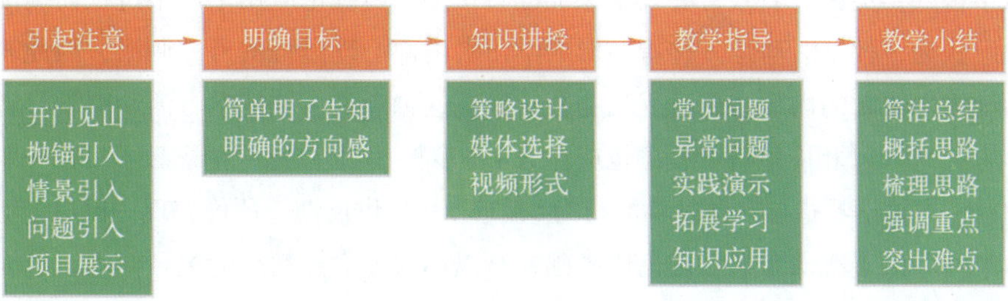

图3-2 微课的教学顺序

3.3 微课教学设计中可参考的教学模式与教学策略

分析学习者特征明确了学习的起点，分析教学目标明确了教学的终点，那么如何教与学就是选择恰当的教学模式与教学策略的问题，也是核心问题。

3.3.1 教学模式与教学策略

教学模式是在一定的教育思想、教学理论和学习理论指导下，为完成特定的教学目标和内容而围绕某一主题形成的比较稳定且简明的教学进程结构及其具体可操作的教学活动方式。教学模式是教学理论与教学实践的桥梁，既是教学理论的应用，对教学实践起直接指导作用，又是教学实践的理论化、简约化概括，可以丰富和发展教学理论。

一般将教学策略理解为在不同的教学条件下，为达到不同的教学结果所采用的方式、方法、媒体的总和，它具体体现在教与学相互作用的活动中。教学策略分普遍性教学策略和具体性教学策略。普遍性教学策略是指不与具体的学科知识和技能教学紧密相联的策略，如学习动力激发策略、课堂组织策略、自主学习策略、协作学习策略等。具体性教学策略是指针对某一具体知识和技能教学的策略，如语文学科的识字教学策略、作文教学策略，英语学科的听说教学策略、词汇教学策略等。

虽然在实践层面，教学模式和教学策略，包括教学方法之间常常不是那么界限分明，但我们认为，相对而言，教学模式属于较高层次，规定着教学策略、教学方法，教学策略比教学模式更详细、具体，受到教学模式的制约。在某个教学模式中，可以采用多种教学策略；同时，一个教学策略可用于多种教学模式中。

3.3.2 常用的典型教学模式

在教学理论研究与实践中，形成了适用于不同学习结果的教学模式，这些教学模式有些体现了以教为主的教学思想，有些侧重于以学为主。下面列举一些具有代表性、有较大影响的教学模式，可供大家根据不同的教学目标和学习内容选择参考。

1. 传递-接受教学模式

传递 - 接受教学模式适用于认知领域的教学目标，教师控制教学过程，学生能在较短的时间内掌握大量的知识，但不利于学生主体地位的发挥。该模式包括激发学习动机、复习旧课、讲授新课、巩固运用、检查等 5 个主要环节。

2. 九段教学模式

九段教学模式是美国著名教育心理学家加涅将认知学习理论应用于教学过程而提出的一种教学模式。加涅认为，教学活动是一种旨在影响学习者内部心理过程的外部刺激，因此教学程序应当与学习活动中学习者的内部心理过程相吻合。根据这种观点，他把学习活动中学习者内部的心理活动分解为9个阶段，相应地教学程序也应包含9个步骤 引起注意—阐述教学目标—刺激回忆—呈现刺激材料—提供学习指导—诱发学习行为（反应）—提供反馈—评价表现—促进记忆与迁移。“九段教学策略”由于有认知学习理论作基础，所以不仅能发挥教师的主导作用，也能激发学生的学习兴趣，在一定程度上调动学生的学习主动性、积极性，建立起学与教之间的联系，再加上其实施步骤具体明确，可操作性强，因此影响和应用都比较广泛。

3. 引导-发现教学模式

该模式适用于认知领域的教学目标，以问题解决为中心，注重学生独立活动，有利于学生的探究能力和创造性思维能力的培养，需要学生具有一定先行经验的储备，比较适用于数理学科。该模式包括提出问题、产生假设、验证假设、总结结论 4 个环节。

4. 掌握学习

掌握学习（Mastery Learning）是美国心理学家和教育学家布卢姆（B. S. Bloom）提出的，旨在把教学过程与学生的个别需要和学习特征结合起来，让大多数学生都能够掌握所教内容并达到预期教学目标。该模式包括学生定向、常规授课、揭示差错、矫正差错、再次测评 5 个环节。

5. 抛锚式教学模式

抛锚式教学模式是由温特比尔特认知与技术小组开发的。这种教学模式要求在多样化的现实生活情境中（或在利用技术虚拟的情境中）运用情境化教学技术以促进学生反思，提高远迁移能力和解决复杂问题能力。抛锚式教学模式的核心要素是“锚”，学习与教学活动都要围绕着“锚”来进行设计。教学中使用的“锚”一般是有情节的故事，而且这些故事要设计得有助于教师和学生进行探索。在进行教学时，这些故事可作为“宏观背景”提供给师生。该模式在全球范围内产生了较大的影响，并得到了广泛认可和应用。

6. 随机进入教学模式

由于事物的复杂性和问题的多面性，要做到对事物内在性质和事物之间相互联系的全面了解与掌握，真正达到对所学知识的全面而深刻的意义建构是很困难的。因为从单一视角提出的每一个单独的观点虽不是虚假的或错误的，但却不是充分的，往往从不同的角度考虑可以得出不同的理解。为克服这方面的弊病，在教学中就要注意对同一教学内容，要在不同的时间和情境下、为不同的教学目的、用不同的方式加以呈现，应避免内容的过于简单化。在条件许可时，尽可能保持知识的真实性与复杂性，保证知识的高度概括性与具体性的结合，使知识富有弹性，以灵活适应变化的情境，增强知识的迁移性和覆盖面。作为教学内容的知识源泉应该是高度联系的知识整体，而不是各自为政的、分割的。换句话说，学习者可以随意通过不同途径、不同方式进入同样教学内容的学习，从而获得对同一事物或同一问题的多方面的认识与理解，这就是所谓的“随机进入教学”。随机进入教学模式主要包括以下几个步骤：呈现基本情境—随机进入学习—思维发展训练（由于随机进入学习的内容通常比较复杂，所研究的问题往往涉及许多方面，因此在这类学习中，教师还应特别注意发展学生的思维能力）—小组协作学习—学习效果评价。

7. 支架式教学模式

支架式教学模式来源于前苏联著名心理学家维果斯基的“最邻近发展区”理论。最邻近发展区是指，学生独立解决问题时的实际发展水平（第 1 个发展水平）和教师指导下解决问题时的潜在发展水平（第 2 个发展水平）之间的距离。可见，学生的第 1 个发展水平与第 2 个发展水平之间的状态是由教学决定的，即教学可以创造最邻近发展区。因此教学绝不应消极地适应学生智力发展的已有水平，而应当走在发展的前面，不停顿地把学生的智力从一个水平引导到另一个新的更高的水平。建构主义者正是从维果斯基的思想出发，借用建筑行业中使用的“脚手架”

（Scaffolding）作为上述概念框架的形象化比喻。所谓脚手架是指教师所能提供给学生，帮助学生从现有能力提高一步的支持的形式。支架的例子包括教师揭示或给予线索，或帮助学生在停滞时找到出路，通过提问帮助他们去诊断错误的原因并且发展修正的策略，激发学生达到任务目标的兴趣及指引学生的活动朝向预定目标。通过这种脚手架的支撑作用，不断地把学生的智力从一个水平提升到另一个新的更高水平，真正做到使教学走在发展的前面。支架式教学策略由搭脚手架、进入情境（将学生引入一定的问题情境）、独立探索、协作学习、效果评价等环节组成。

在以上几种教学模式中，传递－接受教学模式和九段教学模式主要体现了以教为主的教学思想，引导－发现教学模式、支架式教学模式、抛锚式教学模式及随机进入教学模式特别强调情景创设、学生主体地位的发挥，倡导自主、合作、探究的学习方式和策略，因而，具有更鲜明的信息化环境下的教学特征。除了上述几种模式外，近些年在信息化教学实践中，已逐渐探索和形成了很多信息化教学模式。由于自主、合作、探究的学习方式既是信息化教学的主要特征，也是新课程改革所倡导的，以下将重点对自主学习策略和协作学习策略做进一步的介绍。

3.3.3 自主学习策略

自主学习策略的核心是要发挥学生学习的主动性、积极性，充分体现学生的认知主体作用，其着眼点是如何帮助学生“学”。因此这类教学策略的具体形式虽然也是多种多样，但始终有一条主线贯穿始终，这就是“自主探索、自主发现”。所以，通常也把这类教学策略称之为自主学习策略或是发现式教学策略。然而，由于一些教师对自主学习缺乏深入的了解和深刻认识，导致在实践中出现诸多问题。

缺乏明确的学习任务。学习过程松散而效率低下，一切从学习的“需要”和“兴趣”出发，课堂处于放任自流状态。

缺乏必要的指导。教师在课堂上为了多给学生留出“自由”的空间，而不敢多讲一句话，不敢多提学习要求，不敢多对学生的学习作出适当的评价。

自主学习活动花样繁多。为了自主而“自主”，缺乏对教材内容、学生的特征等作深入的分析，在形式上追求丰富性，忽略了促进学生的意义建构这一根本目的。因此，在自主学习设计中，应该注意以下几方面。

重视人的设计。要在学习过程中充分发挥学习的主动性，体现学生的首创精神。环境是促进学习者主动建构知识意义的“外因”，理想的学习环境是必要的，但学习者是学习的“内因”，缺乏人的自主学习，意义建构无从谈起。设计的重点放在能够促进学习发展上，而不是活动的形式上。

目标明确。在自主学习中，学生对知识的意义建构是整个学习过程的最终目的。在学习过程中强调对知识的意义建构，无疑是正确的，但如果不分析学习目标，对当前所学内容不加区分一概完成“意义建构”（即确定深刻的理解与掌握）是不恰当的，正确做法应该是在进行教学目标分析的基础上选出当前所学知识中的基本概念、基本原理、基本方法和基本过程作为当前所学知识的“主题”（或曰“基本内容”），然后再围绕这个主题进行意义建构。另外，要让学生有多种机会在不同情景下去应用他们所学的知识，即将知识外化。

让学习者能根据自身行动的反馈信息来形成对客观事物的认识和解决实际问题的方案，即能实现自我反馈。

重视教师的指导。教师是学习过程的组织者、指导者，教师要对学生的意义建构起促进和帮助作用。在充分体现学生主体地位的同时，不能忽视教师的指导作用。

3.3.4 协作学习策略

协作学习是以一种小组或团队的形式，组织学生协作完成某种既定的学习任务的教学策略或形式。在协作学习过程中，学习者之间以融洽的关系、相互合作的态度，对同一问题运用多种不同观点进行观察、比较、分析和综合。学习者共享学习资源，共同担负学习责任，共同享受成功的喜悦。常见的协作学习策略有讨论策略、角色扮演策略、竞争策略、协同策略和伙伴策略。

1. 讨论策略

讨论策略的运用要求整个协作学习过程均由教师组织引导，讨论的问题皆由教师提出。“课堂讨论”教学策略的设计通常有两种不同情况：一种是学习的主题事先已知；另一种是学习的主题事先未知。多数的协作学习属于第一种情况，但是第二种情况在教学实践中也会经常遇到。

2. 角色扮演策略

角色扮演包括师生角色扮演和情境角色扮演两类。师生角色扮演就是让不同的学生分别扮演学习者和指导者的角色，学习者需要解答问题，指导者则检查学习者在解题过程中是否有错误。当学习者在解题过程中遇到困难时，指导者帮助学习者解决疑难。在学习过程中，他们所扮演的角色可以互换。情境角色扮演是要求若干学生，按照与当前学习主题密切相关的情境分别扮演其中的不同角色，以便营造一种身临其境的气氛，使学生能设身处地去体验、去理解学习的内容和学习主题的要求。

3. 竞争策略

竞争指两个或多个学习者针对同一学习内容或学习情境，通过计算机网络进行竞争性学习，看谁能够首先达到教学目标的要求。由于学习者的竞争关系，学习者在学习过程中，会很自然地产生人类与生俱来的求胜本能，所以学习者在学习过程中会全神贯注，易于取得良好的学习效果。在运用这种协作学习策略时，教师须注意恰当选择竞争对象，巧妙设计竞争主题，一方面要避免学生产生受挫感，另一方面又要巧妙利用学生不愿服输的心理刺激进一步的学习。

4. 协同策略

协同指多个学习者共同完成某个学习任务，在共同完成任务的过程中，学习者发挥各自的认知特点，相互争论、相互帮助、相互提示或者是进行分工合作。学习者对学习内容的理解和领悟就在这种和同伴紧密沟通与协作的过程中逐渐形成。

5. 伙伴策略

在现实生活中，学生们常常与自己熟识的同学一起做作业。没有问题时，大家各做各的；当遇到问题时，便相互讨论，从别人的思考中得到启发和帮助。伙伴学习策略与此类似，它可以使学生在学习过程中感觉到他并不是孤独的，而是有一位伙伴可以互相支持、互相帮助，当碰到问题时，他可以随时与伙伴讨论。由于个人的思考范围有限，若在学习过程中，能和伙伴相互交流、相互鼓励将可达到事半功倍的效果。

在设计协作学习策略以及协作学习过程时，要注意以下几方面。

（1）建立合适的协作小组

协作学习是学习者组成一个群体，互相帮助，共同学习，通过协商和辩论，加深对问题的认识。因此形成一个适当规模和构成层次相当的协作小组对于协作学习的成功与否非常重要。如果规模不合适或协作者之间基础相差悬殊，则可能不能形成协作或协作不充分，协作学习自然失败。

（2）学习主题具有挑战性，问题具有争论性

协作学习的主题可以由教师指定，也可以由学生自行确定。学习者协作解决的问题可以是围绕主题的能引起争议的初始问题，可以是深化主题的问题，也可以是稍稍超前于学生的智力发展水平的问题，这些问题是否具有可争论性关系到是否有必要组织协作学习。

（3）重视教师的主导

协作学习的设计和学习过程都需要教师的组织及引导，教师要设计有争议的问题以及评价方式。在协作过程中，教师还要关注每位学生的表现，对学生表现出的积极因素给予及时的反馈和鼓励；如果学生的讨论出现离题或开始纠缠于枝节问题时，要及时加以正确引导，将其引回主题；对于学生讨论过程中暴露出来的关于某个概念或认识的模糊或不正确的问题，要用适当的方式进行引导；对于整个协作学习的过程，教师要作出恰当的评价。

现代信息技术在学生的自主学习和协作学习方面，能够提供有效的支持。信息技术可以为学生提供探索的问题情境，提供可以利用的各种信息资源和工具，支持学生之间的合作和沟通，并更好地超越课本与教材的限制，拓展学生学习的空间。近些年，计算机支持的协作学习（Computer Supported Collaborative Learning，CSCL）使协作学习超越了时空的限制，拓展了学习的空间。

3.4 系列微课的设计

系列微课是微型课程的另外一种说法，是将传统的课堂按照学生学习的特点，制定相关步骤体现课程目标、学习任务、学习方法、学习资源、课后作业、社会媒体交流与反思等新型课程体系。或者说，系列微课是将原课程按照学生的学习规律，分解成为一系列具有目标、任务、方法、资源、作业、互动与反思等在内的微型课程体系。还可以这样理解，将系列化、专题化的微课，加上作业或讨论就组成了系列微课。从系列微课学习方式的视角，系列微课与慕课是相似的。

所以，针对系列微课的设计须要注意以系列微课知识点的拆分、微课视频形式展示与选择、系列微课的练习与作业选择、系列微课的设计模板、微课的教学设计模板等几方面。

3.4.1 系列微课知识点拆分

系列微课是基于网络的在线课程，所以受众来源广泛，基础和学习目的差异大，结合系列微课建设要求，对课程体系、体系结构和课程知识点、技能点体系进行描述，为学生提供灵活、便捷的在线学习模式，是系列微课建设的重要内容。

系列微课知识体系网络建模包括以下步骤。

第 1 步：针对专业培养目的、目标，研究课程间可能存在的逻辑关系类型。不同专业的课程体系和课程设置不同，每个专业所需要学习的几十门课程是相近课程组成课程系列，再构成整个

课程体系。同时，在不同系列课程之间也存在复杂的关联关系。例如，管理信息系统设计需要有大量的计算机管理课程知识基础。更为复杂的是，在一些专业课间，内容存在交叉、重叠，相互引用的部分，课程间存在多种关系，分析起来比较困难。因此，结合专业培养目的、目标，研究课程间可能存在的逻辑关系类型是非常重要，也是系列微课体系构建的首要工作。

第 2 步：系列微课知识体系网络建模。根据第 1 步梳理出来的课程关系类型，对每一种关系，把存在这类关系的所有课程挑选出来，采用网络图的形式，把课程当作网络中的结点，课程间关系当作网络中的有向边，建立基于关系的课程网络模型。

第 3 步：课程知识点划分和描述。对每门课程，根据课程大纲和课程标准，将需要讲授的知识，按微课时长为 5 ～ 10 分钟的要求划分为一个个小的知识点。在知识点划分时，每个小的知识点要尽可能独立而且便于学生学习，也便于老师考核。一些较复杂的方法，由于内容、环节和步骤相对较多，依赖性较强，联系紧密，要将它们划分成一个个短小的知识点，需要老师对内容把握非常准确、精细、到位。一个好的划分，将有利于知识的学习，而错误的划分将导致难以甚至是无法学习。知识点划分完成后还要对每个知识点内容、难易程度、重要性等进行详细描述。以便于学生合理安排时间和精力，也便于老师考核。

第 4 步：课程知识点网络建模。对第 3 步梳理出来的每个小的知识点，与第 2 步相类似，需要分析这些知识点间的相互关系，根据这些关系，建立知识点进行分组、分块、分群，建立知识点间的关系网络模型。

“物联网工程导论”课程微课中知识点、技能点的拆分见表 3-1。

表 3-1 “物联网工程导论”课程微课中的知识点、技能点

序　号	模块名称	知　识　点	技　能　点
1	物联网入门	物联网概述	
2		1. 互联网概述 2. 泛在网概述 3. 物联网与互联网、泛在网的区别	
3		1. 物联网技术的发展 2. 物联网产业的发展	
4		1. 标准的意义 2. 国内外物联网技术标准的发展	
5	物联网基本原理与典型应用	1. 物联网的三层结构 2. 感知层的关键技术 3. 传输层的关键技术 4. 应用层的关键技术	最小物联网系统的搭建
6		1. 智慧城市概述 2. 智能交通概述 3. 智能电网概述 4. 智能物流概述 5. 智能家居概述 6. 智慧农业概述 7. 智能工业概述 8. 智能医疗概述	

续表

序　号	模块名称	知　识　点	技　能　点
7	智能交通系统应用	国内外智能交通的发展	
8		1. 智能交通的系统结构 2. 智能交通感知层的关键技术 3. 智能交通传输层的关键技术 4. 智能交通应用层的关键技术	1. 射频识别技术在物流行业中的应用调研 2. 卡口监控系统的搭建
9		1. 电子车牌概述 2. 电子车牌系统的结构分析	
10		1. 不停车收费系统概述 2. 不停车收费系统性能分析 3. 不停车收费系统硬件系统分析	
11		1. 自动识别技术概述 2. 典型自动识别系统的构成 3. 自动识别技术分类	典型自动识别技术类型的辨析
12		1. 磁卡识别技术概述 2. 磁卡识别技术的典型应用	
13		1. IC 卡识别技术概述 2. IC 卡识别技术的典型应用	
14		1. 条形码识别技术概述 2. 条形码识别技术的典型应用	
15		1. 生物识别技术概述 2. 生物识别技术的典型应用	
16		1. 光学字符识别技术概述 2. 光学字符识别技术的典型应用	
17		1. 图像识别技术概述 2. 图像识别技术的典型应用	
18		1. 射频识别技术概述 2. 射频识别技术分类 3. 射频识别技术的结构 4. 射频识别系统的工作流程 5. 射频识别技术的行业应用	
19	智慧农业系统应用	智慧农业的发展	
20		1. 智慧农业系统的系统结构 2. 智慧农业系统感知层的关键技术 3. 智慧农业系统传输层的关键技术 4. 智慧农业系统应用层的关键技术	
21		1. 智慧农业大棚的发展 2. 智慧农业大棚的功能 3. 智慧农业大棚的结构	1. 智慧鱼塘系统方案设计 2. 食品溯源系统的搭建
22		1. 传感器概述 2. 传感器分类	1. 典型传感器类型辨析 2. 典型传感器性能判断

续表

序号	模块名称	知识点	技能点
23	智慧农业系统应用	物理传感器概述	
24		化学传感器概述	
25		生物传感器概述	
26		MEMS 传感器概述	
27		1. 传感器的性能指标 2. 传感器的选择原则	
28	智能电网系统应用	智能电网的发展	
29		1. 智能电网系统功能分析 2. 智能电网系统的结构 3. 智能电网系统感知层的关键技术 4. 智能电网系统传输层的关键技术 5. 智能电网系统应用层的关键技术	
30		1. 远程集采系统的发展 2. 远程集采系统的功能 3. 远程集采系统的结构	1. 电力机房监控系统的设计 2. 远程抄表系统的搭建
31		1. 无线传输技术概述 2. 无线传输技术分类	典型无线传输技术的选择
32		1. Wi-Fi 技术概述 2. Wi-Fi 技术应用 3. Wi-Fi 应用系统的结构	
33		1. 蓝牙技术概述 2. 蓝牙技术应用 3. 蓝牙应用系统的结构	
34		1. ZigBee 技术概述 2. ZigBee 技术应用 3. ZigBee 应用系统的结构	
35		1. GPRS 技术概述 2. GPRS 技术应用 3. GPRS 应用系统的结构	
36		1. 3G 技术概述 2. TD-SCDMA 技术概述 3. 3G 技术应用 4. 3G 应用系统的结构	
37		1. 4G 技术概述 2. 4G 技术应用 3. 4G 应用系统的结构	
38		1. LTE 技术概述 2. LTE 技术应用 3. LTE 应用系统的结构	

续表

序号	模块名称	知识点	技能点
39	智慧城市系统的构想	智慧城市的发展	
40		1. 智慧城市系统的结构 2. 智慧城市系统的关键技术	1. 智慧社区系统的搭建 2. 智慧城市方案的调研
41		1. 信息处理技术概述 2. 信息处理技术分类	
42		1. 云计算概述 2. 云计算技术的架构 3. 云计算的关键技术 4. 云计算技术的发展	
43		1. 中间件技术概述 2. 物联网中间件的系统框架 3. 物联网中间件的标准	
44		1. 物联网信息安全的发展 2. 物联网信息安全策略	
45	物联网技术技能人才能力需求	1. 物联网专业核心技能 2. 物联网职业核心能力	
46		高职物联网专业的就业方向	物联网应用技术专业学习计划的制定

3.4.2 微课视频形式展示与选择

知识点与技能点确定之后，就可以依据知识点与技能点内容本身的特点选择恰当的媒体与微课视频的展示形式。

可汗学院式微课适用于讲解数学、电子技术、电气原理等具有缜密的推理和演算过程的课程。

课堂实拍式微课能较好地展现整个教学活动，体现教师对整个课堂的控制能力，展现教师的教学风采，适合展示教学活动的整个过程。

录播室录制微课适用于教师对知识点进行讲解，也适用于录制整个教学活动。

实景拍摄式微课适用于操作技能的演示，或者是情景剧式的微课，操作演示类的微课一般在实习车间、操作演示作业台、生产厂房等地进行。为了避免背景过于杂乱，一般选择较为开阔的室内进行拍摄，拍摄时要布置好工具、操作对象等。表演录像适用于对有一定故事情节的内容进行演绎，拍摄难度较大。

屏幕录制式微课通常有录制 PPT 演示文稿、录制 Prezi 演示文稿、录制各类软件的操作演示等三类方式。如果开启摄像头，可以用来录制画中画式微课。屏幕录制式适用于计算机办公软件、平面设计软件、计算机仿真软件、素养与公共课程的 PPT 讲解等内容。所以，屏幕录制式微课如果使用 PPT 课件时，对 PPT 的制作要求较高，PPT 的制作水平能够影响微课的质量。

虚拟仿真二维或者三维动画式微课能展示事物的具体形象，促进思维的发展，可以再现实验情景，可以将抽象的概念与规则形象化、具体化。

虚拟抠像式微课适用于各类课程，能营造一种真实的师生交互，也能将多画面同时展现在同一视频中，营造良好的一对一的学习环境。

访谈式微课适用于以人物采访的方式采访行业、企业嘉宾，访谈专业发展、办学方向、就业前景、工作岗位、职业发展等，以鼓励学生热爱自己所学的专业，产生良好兴趣。

讨论式微课适用于在教师的引导下开展教学活动，对学生的思维加以引导和启发，学生则是在教师的指导下进行有意识的思维探索活动、自主学习。

讲坛式微课适用于直接讲授课程内容，如人文、历史、素养类的课程。

“物联网工程导论”课程微课中（以模块一与模块二为例）知识点的视频形式选择见表 3-2。

表 3-2 “物联网工程导论”课程微课中知识点的视频形式

序号	模块名称	知识点	适用的视频形式
1	物联网入门	物联网概述	讲坛式、访谈式、录屏式
2	物联网入门	1. 互联网概述 2. 泛在网概述 3. 物联网与互联网、泛在网的区别	Prezi 动画录屏式、PPT 动画录屏式 Prezi 动画录屏式、PPT 动画录屏式 Prezi 动画录屏式、PPT 动画录屏式
3	物联网入门	1. 物联网技术的发展 2. 物联网产业的发展	访谈式、Prezi 动画录屏式、PPT 录屏式 访谈式、Prezi 动画录屏式、PPT 录屏式
4	物联网入门	1. 标准的意义 2. 国内外物联网技术标准的发展	讲坛式、PPT 动画录屏式 讲坛式、PPT 动画录屏式
5	物联网基本原理与典型应用	1. 物联网的三层结构 2. 感知层的关键技术 3. 传输层的关键技术 4. 应用层的关键技术	二维或三维动画式、PPT 录屏式 二维或三维动画式、PPT 录屏式 二维或三维动画式、PPT 录屏式 二维或三维动画式、PPT 录屏式
6	物联网基本原理与典型应用	1. 智慧城市概述 2. 智能交通概述 3. 智能电网概述 4. 智能物流概述 5. 智能家居概述 6. 智慧农业概述 7. 智能工业概述 8. 智能医疗概述	二维或三维动画式 +PPT 录屏式 + 实拍式

3.4.3 系列微课的练习活动设计

系列微课的应用是基于网络的，所以需要考虑其多样化的练习活动，一方面是因为不同类型的练习适用于考查学生不同方面的能力或技能，另一方面学生也需要从不同角度来了解自己的学习程度并展示自己的学习成果。因此，在设计课程的练习活动时，须要考虑以下几个问题。

1. 根据课程类型选择设计练习活动

课程类型不同所适用的练习活动也不同。例如，课程介绍大量的事实类知识，就非常适合用客观测验来进行；计算机编程实践类的课程，程序编译类的题目就会是主要的练习活动；而如果课程强调的是分析、综合和评价等策略性知识，可能就需要多一些主观作业。对于大部分课程而言，都会包含事实类知识、应用实践以及高级策略性的知识，因此测验和主观作业都需要考虑。

不同类型的练习活动也适合评价不同的学习成果。以选择题为主的测验活动比较适合考查学生是否记住或理解事实类的知识，这类学习成果的评价就不太适合采用主观作业的形式；主观作业，如要求学生设计一个项目计划，相比选择题，更容易评价出学生分析和综合应用知识的能力。

另外，练习活动的设计也会影响学生的学习行为。例如，如果课程练习大多都是在大量的信息中做选择，那么他们的学习就倾向于采用记忆的方式；而如果课程练习要求学生综合应用知识来撰写论文或解决问题，那么他们就会学习如何建立零散信息之间的联系并尝试综合应用。在设计练习活动时也需要考虑如何帮助学生学会学习。

因此，在设计练习活动时，需要结合课程内容和考核目标来选择练习活动的主要类型，并设计相应的练习题。除此之外，还要考虑如何在网络上开展这些练习活动。

2. 练习活动的教学目的

不同的使用目的会决定练习活动的不同设置。一般练习活动的目的有促进提高和考核学习效果两种。

（1）促进提高

“促进提高”的练习活动主要是为了帮助学生发现问题并及时调整自己的学习，因此这类练习活动比较适合采用客观练习的形式。这类练习活动可以是每次学习内容开始的自测活动，也可以是穿插在学习内容中的系列小测验，包括和视频紧密相关的练习活动。在设计这类练习题时，就需要结合教学内容中的重点、难点以及学生容易忽视或容易出错的地方进行设计。在练习的设置方面，也可以结合平台的功能来更好地发挥“促进提高”的效果。例如，“多次尝试”提供让学生不断试错的机会，练习活动的“随机”变化避免学生多次尝试时记住答案的可能性，及时且有针对性的“解释”则可以帮助学生进一步思考或为学生提供学习建议。

（2）考核学习效果

“考核学习效果”的练习活动主要用于评测学生的学习效果，也可以为学生提供展示自己学习成果的机会。这类练习活动可以采用客观练习的形式，也可以采用主观题作业的形式。客观练习的形式就好比是传统教学中的阶段性考试，因此可能需要配合一些防作弊的手段来加强评价的效果，如借助题库随机组题、限制练习完成时间等。主观题作业不仅可以让学生展示作品，也是综合评价学生学习成果的重要手段。为了保证主观题作业评分的客观性，除了作业题之外也需要设计科学的评价量规以及清晰的活动指导。

总之，在系列微课中，“促进提高”和“考核学习效果”的这两类练习活动都需要设计，这样才能真正促进学生的学习。

3. 网络上开展练习活动的技巧

传统教学中，在设计课程练习活动时需要考虑班级规模、教室场地的情况以及教室的设备，以此来决定如何开展练习活动。而在系列微课中，所有的练习活动都是“在线”进行的，所以需要了解课程平台所支持的练习活动形式有哪些，以及自动批改和评阅的机制是什么。在此基础上，就可以选择合适的工具来实现之前设计好的练习活动了。

目前主流的在线课程平台可以支持的练习活动有与视频紧密相关的练习活动、客观题型的测验活动（包括在线编程及编译类的题目）以及主观题作业。前两种练习活动都是支持自动评分的，而主观题作业主要是采用同伴互评的方式进行评阅。虽然这些和练习相关的工具都比较简单，但借助这些工具就可以实现丰富多彩的练习活动。

3.4.4 系列微课设计模板

系列微课教学设计是针对一门课程的系统设计，所以要系统思考。系列微课设计的结构如图 3-3 所示。

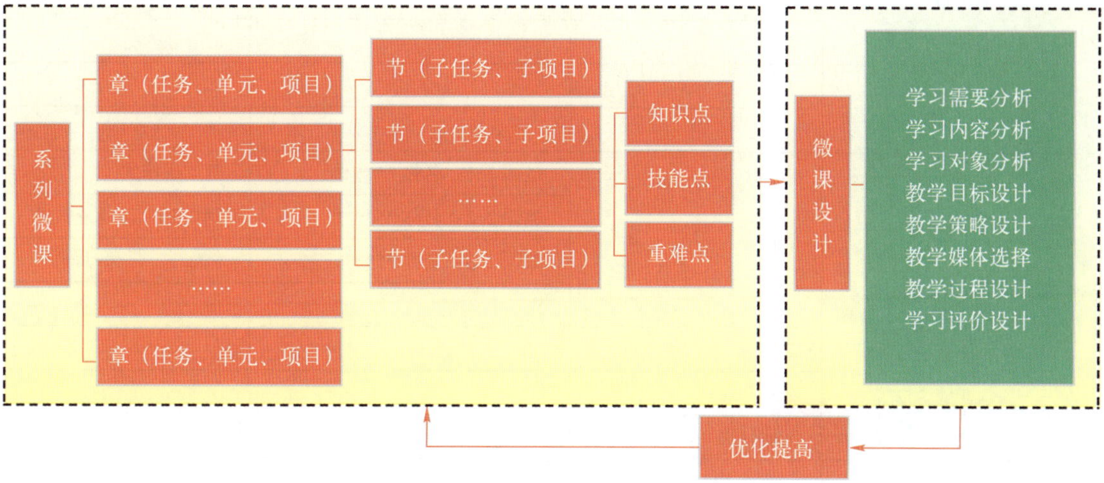

图3-3 系列微课设计的结构

要完善系列微课建设的规划表和系列微课建设教学内容的分析表。

系列微课建设的规划表模板见表 3-3。

表 3-3 系列微课建设的规划表模板

系列微课主题	课程名称：
选题分析	请谈谈：为什么你认为这个主题适合开系列微课？这个话题吸引人吗？这个主题有没有类似的已经上线的系列微课？如果有，你打算建设的系列微课和这些已有的课程有什么不同
对学习者的要求	你希望什么样的学习者来选课？例如，需要具备哪些知识基础，需要具备什么实践经验，等等。你的系列微课需要做出什么样的时间投入承诺？例如，必须按时交作业
教学目标	你希望学习者完成课程后学到什么知识，具备什么能力。计划如何帮助学习者清楚课程的目标
课程评价设计	计划怎样衡量学习者的学习目标是否达成，学习者需要达到什么要求才能获得课程学分
教学设计	计划分几周进行，每周的教学安排是什么。这样的安排和传统教学相比，有什么改动，变动的理由是什么
讨论活动设计	谈谈你对课程论坛的定位，你只打算让社区作为答疑解惑的地方，还是会有其他功用。在引导学生讨论方面，你有什么考虑，你计划如何参与学生的讨论
你的团队成员及分工描述	课程团队中有哪些人（如授课教师、助教、教学和课程制作支持人员），每个人的工作任务是什么
宣传策略	计划采取哪些宣传手段来宣传课程。你认为哪些信息对于课程宣传最重要
困难与挑战	对于建设系列微课，你最大的挑战可能是什么，你计划如何解决，你希望获得什么样的帮助

系列微课内容的分析表模板见表 3-4。

表 3-4　系列微课内容的分析表模板

课程名称			
章名（任务、单元、项目）	节名(子任务、子项目）	知识点（微课与知识点对应）	适合的微课视频形式
第 1 章	1.1	微课 1-1：名称 ******	例如讲坛式
		微课 1-2：名称 ******	例如 PPT 动画录屏式
		微课 1-3：名称 ******	例如二、三维动画式
		……	……
	1.2		
	1.3		
	……		
第 2 章	2.1	微课 2-1：名称 ******	例如讲坛式
		微课 2-2：名称 ******	例如 PPT 动画录屏式
		微课 2-3：名称 ******	例如二、三维动画式
		……	……
	2.2		
	2.3		
	……		
第 3 章	3.1	微课 3-1：名称 ******	例如讲坛式
		微课 3-2：名称 ******	例如 PPT 动画录屏式
		微课 3-3：名称 ******	例如二、三维动画式
		……	……
	3.2		
	3.3		
	……		
第 n 章	n.1	微课 n-1：名称 ******	例如讲坛式
		微课 n-2：名称 ******	例如 PPT 动画录屏式
		微课 n-3：名称 ******	例如二、三维动画式
		……	……
	n.2		
	n.3		
	……		

3.4.5　微课教学设计模板

微课教学设计模板见表 3-5。

表 3-5 微课教学设计模板

<table>
<tr><th>微课名称</th><th colspan="2"></th><th>所属课程</th><th></th></tr>
<tr><td>所属专业</td><td colspan="2"></td><td>适用对象</td><td></td></tr>
<tr><td>所属专业大类</td><td colspan="2"></td><td>所属专业类</td><td></td></tr>
<tr><td>授课教师</td><td colspan="2"></td><td>所属学校</td><td></td></tr>
<tr><td>教学策略与教学设计思路</td><td colspan="4"></td></tr>
<tr><td>教学背景</td><td colspan="4"></td></tr>
<tr><td>教学目标</td><td colspan="4"></td></tr>
<tr><td>重、难点</td><td colspan="4"></td></tr>
<tr><td colspan="5">教学过程设计</td></tr>
<tr><td>教学环节</td><td colspan="3">教学内容</td><td>时间分配</td></tr>
<tr><td>环节 1
例如：
问题引入</td><td colspan="3">举例：图片
设计目的：问题引入，引发学生反思
教学方法：引导启发法
教学资源形式：视频</td><td></td></tr>
<tr><td>环节 2
××××</td><td colspan="3">（略）</td><td></td></tr>
<tr><td>⋮</td><td colspan="3"></td><td></td></tr>
<tr><td>教学总结与特色</td><td colspan="4"></td></tr>
<tr><td colspan="5">详细教案</td></tr>
<tr><td colspan="5">（教学过程设计详细时可以省略）</td></tr>
</table>

3.5 思维导图在微课教学设计中的应用

微课的教学设计可以说是一种思维模式，或者说是一种心智思考的过程，是微课的精髓。思维导图是能够将心智思维图形化的一种解决方案。本节学习思维导图的相关知识。

3.5.1 思维导图简介

思维导图又叫心智图，是表达发射性思维的有效图形思维工具。它简单却又极其有效，是一种革命性的思维工具。思维导图运用图文并重的技巧，把各级主题的关系用相互隶属与相关的层级图表现出来，把主题关键词与图像、颜色等建立记忆链接。思维导图充分运用左右脑的机能，利用记忆、阅读、思维的规律，协助人们在科学与艺术、逻辑与想象之间平衡发展，从而开启人类大脑的无限潜能。因此，思维导图具有人类思维的强大功能。

思维导图是一种将放射性思考具体化的方法。放射性思考是人类大脑的自然思考方式，每一种进入大脑的资料，不论是感觉、记忆或是想法，包括文字、数字、符码、香气、食物、线条、颜色、意象、节奏、音符等，都可以成为一个思考中心，并由此中心向外发散出成千上万的关节点，每一个关节点代表与中心主题的一个联结，而每一个联结又可以成为另一个中心主题，再向外发散出成千上万的关节点，呈现出放射性的立体结构，而这些关节的联结可以被视为人的记忆，也就是个人的数据库。

思维导图软件有很多，其功能各有千秋，下面介绍其中的几种。

（1）MindManager

MindManager（重点推荐）是流传最广的。它是一个可视化的工具，可以用于脑力风暴（brainstorm）和计划（plan）。它为商务人士捕捉、组织和联系信息（information）及想法（idea）提供了一个更有效的、电子化的手段。作为便笺（note-pads）、挂图（flipcharts）和白板（white boards）的数字化替代品，MindManager 以提供更快的理解、更好的判断和减少会议时间来提高工作效率。MindManager 还可以和微软公司的 Office 系列做到无缝连接。例如，基于 XML 的 MindManager 可以将微软公司的 Office 系列同企业数据进行无缝的连接，并能有效地利用好企业的知识。使用 MindManager 制作的思维导图如图 3-4 所示。

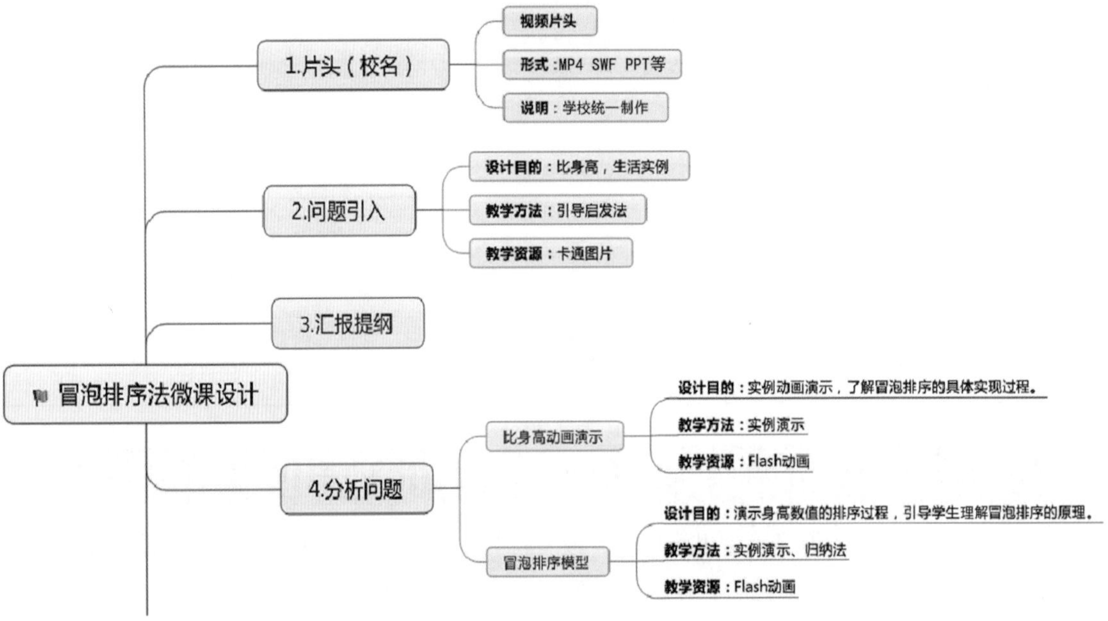

图3-4　使用MindManager绘制的思维导图（局部）

（2）NovaMind

NovaMind 为一款超强悍导图软件。NovaMind 是一个记录用户的突然想法的软件，并且可以通过科学的方式将这些想法连接在一起。这也是目前流行的一种思维管理方式。NovaMind 的用户界面比较友好，只要有一些 Office 和 MindManager 之类软件的使用经验，不用经过特殊培训就能立刻上手。这个软件颇有些创新的功能。

（3）iMindMap

iMindMap 最接近手绘，对于发散思维很有帮助。Buzan's iMindMap 是由思维导图创始人托尼·巴赞（Tony Buzan）开发的思维导图软件，其线条自由，具有手绘功能，是最好的思维导图软件。使用 iMindMap 制作的思维导图如图 3-5 所示。

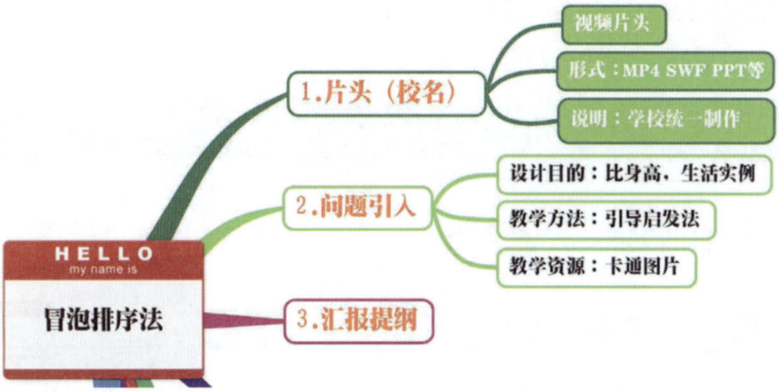

图3-5 使用iMindMap绘制的思维导图（局部）

（4）XMIND

XMIND v3.2.1（重点推荐）为唯一的国产软件。这是一款目前发现的国内最新、功能最完善的思维导图软件。

但要记住，我们不是为了学习软件，而是学习思维的方式。软件只是一个工具，使用它只是为了提高我们的工作效率，所以只要选择一个比较好用的软件即可。

本书选择 iMindMap 软件作为载体讲解思维导图的使用。

3.5.2 iMindMap软件的使用

1. 基本思维导图的创建

自行下载 iMindMap 7 软件，双击桌面上的“iMindMap 7”图标打开 iMindMap 7 软件，进入软件初始界面，如图 3-6 所示。

图3-6 iMindMap 7软件的初始界面

单击图 3-6 中的“New Mind Map”图标，即可创建一个新的 iMindMap 项目文件，同时会打开“选择中央图标”对话框，如图 3-7 所示。

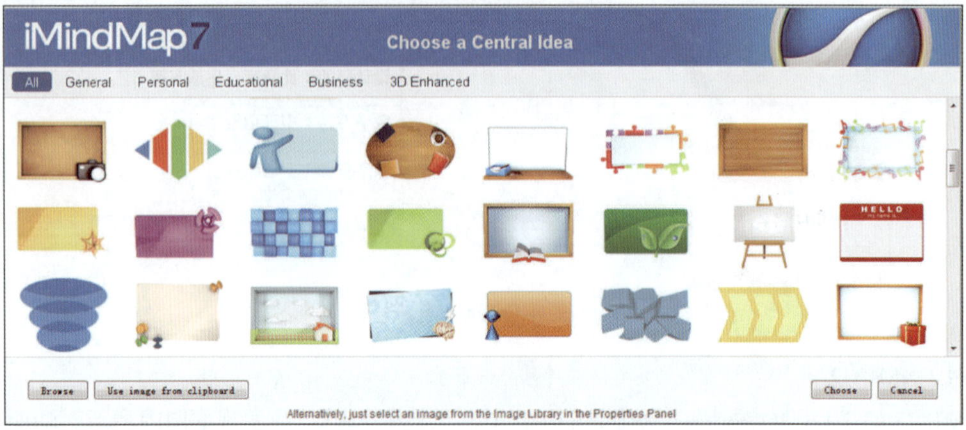

图3-7 "选择中央图标"对话框

在图 3-7 中选择第 2 行最后一个图标，即“HELLO”中央图标，然后打开图标，如图 3-8 所示。双击图 3-8 中间的“Central Idea”文本，即可修改“中央主题文字”。这里修改为“冒泡排序法”，并且修改文本的字体与文字大小，如图 3-9 所示。

图3-8 中央图标

图3-9 修改中央主题文字

下面开始绘制分支结构，单击图 3-8 中央的红色图标，即可创建一条分支，如图 3-10 所示。

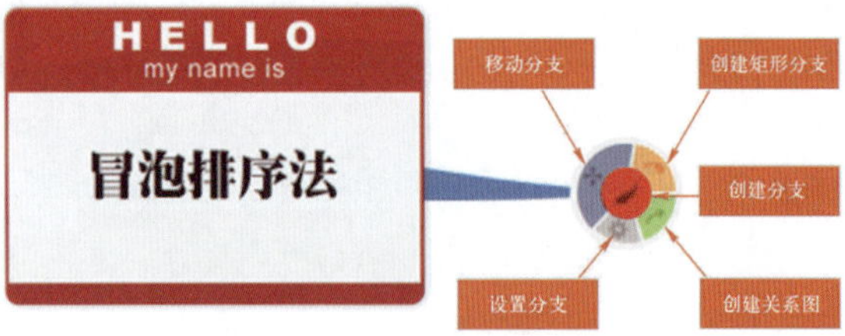

图3-10 创建新的分支结构

单击图 3-10 中的“设置分支”按钮，即可打开“设置分支”选项，选择“Convert”选项，如图 3-11 所示，即可转换分支选项为一个圆角矩形框，如图 3-12 所示。

注意：根据自己的兴趣，还可以设置“Align”“Colour”“Shape”“Branch Art”等选项。除了格式（Format）外，还可以设置“Imange”“Edit”“Objects”等选项。

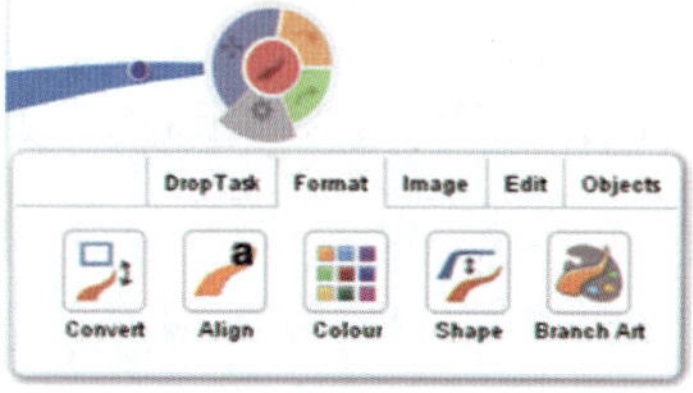

图3-11 设置分支

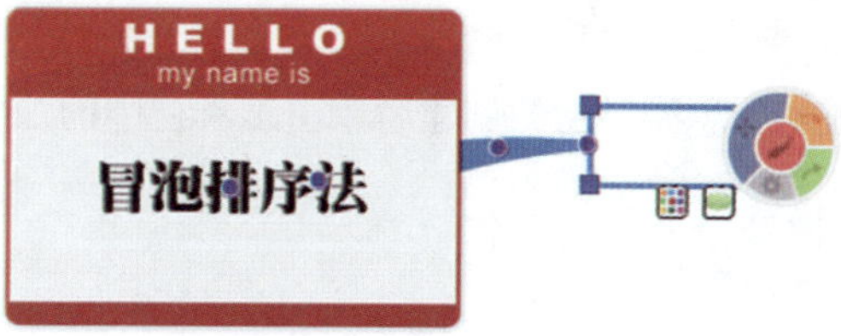

图3-12 修改分支内容

在图 3-12 的中间输入文本“1. 片头（校名）”，文字字体设置为“长城特粗宋体”，大小为 28，颜色为橙色；通过图 3-12 中的图标设置分支选项，单击“Colour”，修改分支颜色为深绿色，设置后的效果如图 3-13 所示。

继续添加“1. 片头（校名）”的其他分支“视频片头”，将鼠标放置“视频片头”框上会弹出“设置分支样式”按钮，如图 3-14 所示。单击按钮后即可选择合适的分支框样式。

图3-13 设置第1条分支的效果

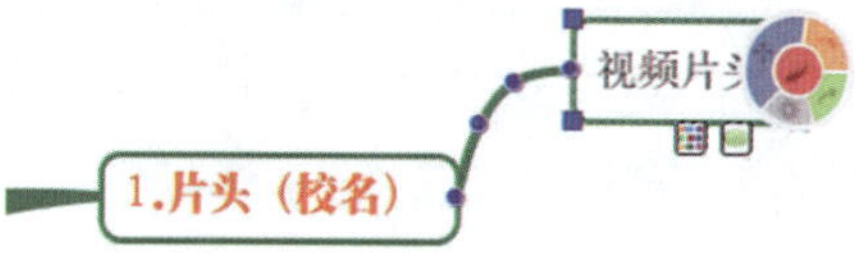

图3-14 设置分支框样式

设置分支框为绿色，字体颜色为白色，继续添加其他分支后的效果如图 3-15 所示。

图3-15 创建完成的分支的效果图

采用同样的方法即可创建其他的分支结构，最终效果如图 3-5 所示。

2. 3D思维导图的创建

在完成基础思维导图的创建后单击工具栏中的“3D Map”图标即可将已经创建的思维导图转换为 3D 思维导图，图 3-15 转换后的效果如图 3-16 所示。

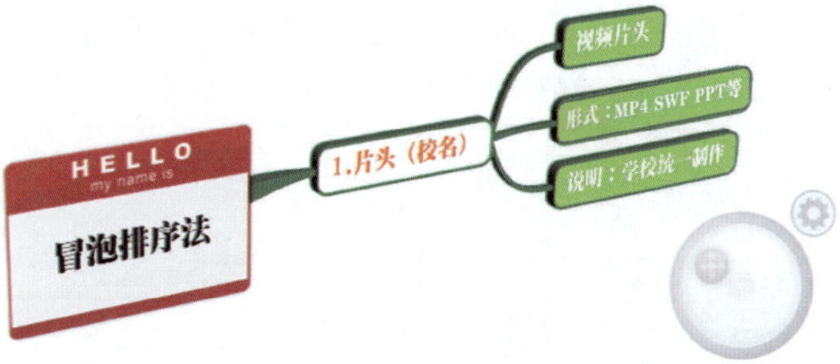

图3-16 3D思维导图效果图

利用图 3-16 中的圆形图标可以旋转浏览 3D 思维导图。

3. 动态思维导图的预览

在完成基础思维导图的创建后单击工具栏中的“Present”图标即可进入演示界面，如图 3-17 所示。

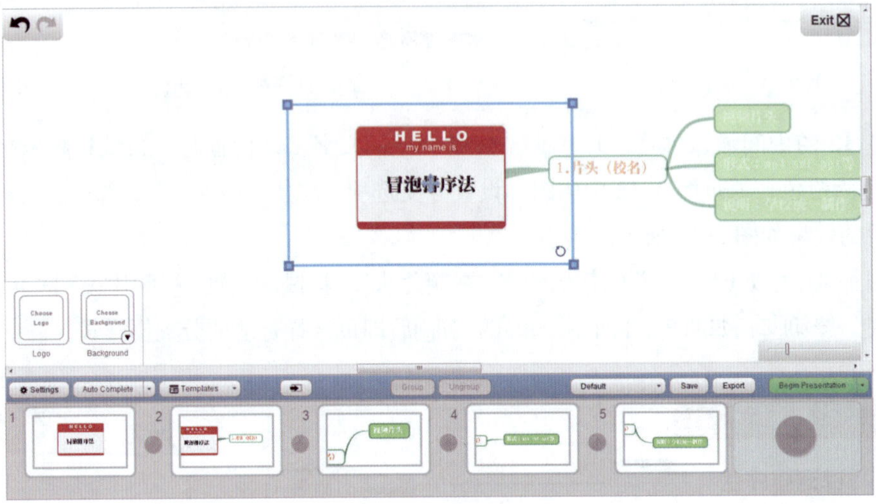

图3-17　思维导图的演示界面

在演示界面中，可以实现动态演示、添加图标、设置背景、输出视频等功能。例如，单击“Export”按钮即可输出动态视频“冒泡排序法.mp4”。其他功能在此不赘述，读者可自行实践。

Chapter 4

微课教学设计模式应用

4.1 开门见山式微课教学设计应用

4.1.1 开门见山式微课简介

开门见山表示直截了当谈主题，不拐弯抹角。开门见山式微课表示教师在微课开始直接介绍本节微课的主要内容与学习目标。这种开讲方法能够引起学生的足够注意，便于其抓住本节课的知识脉络。通过对本节重点概念或关键问题的简介，引入知识内容，既突出了授课的重难点，又是一种微课知识引入的良好方式。

开门见山式微课即在视频刚开始就直接阐述微课题目，像“今天我们一起来学习‘二进制与八进制、十六进制的数值转换’”。简洁明了不啰唆，这一点微课与传统授课的过程还是有区别的——略去课堂语言。开门见山式微课主要针对学习兴趣比较浓厚，积极性较强的学习对象。此类微课比较适合在教材配套资源中使用。

4.1.2 开门见山式微课教学设计模式

开门见山式微课通常教学内容简洁明了，直接切入主题。开门见山式微课教学设计如图 4-1 所示。

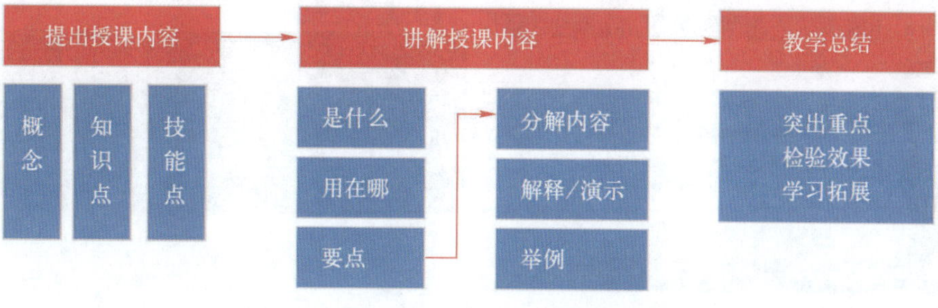

图4-1 开门见山式微课教学设计示意图

开门见山式微课教学设计中，知识点的引入要能直接引起学习者的关注；知识的讲解要紧凑；教学媒体的选择要适合表现形式，注重直观形象、通俗易懂；教学总结要突出重点，还可以设置一些问题，以检验学生的学习效果。

4.1.3 开门见山式微课的适用场合

开门见山式微课直接点名主题，明示讲解的主要内容与学习目标。这种方法能够引起学生的足够注意，便于其抓住本节课的知识脉络。这种方式适用于主动学习的学生，或者是目标明确、积极向上的学习对象。

开门见山式微课适用于课程的概念阐述、重难点解析和疑惑点解析。此类微课适合在教材配套的数字资源中使用。

4.1.4 案例展示

1. 微课作品展示

本例是陕西工业职业技术学院宋承继老师的微课作品《数制及数制的转换》，如图 4-2 所示。

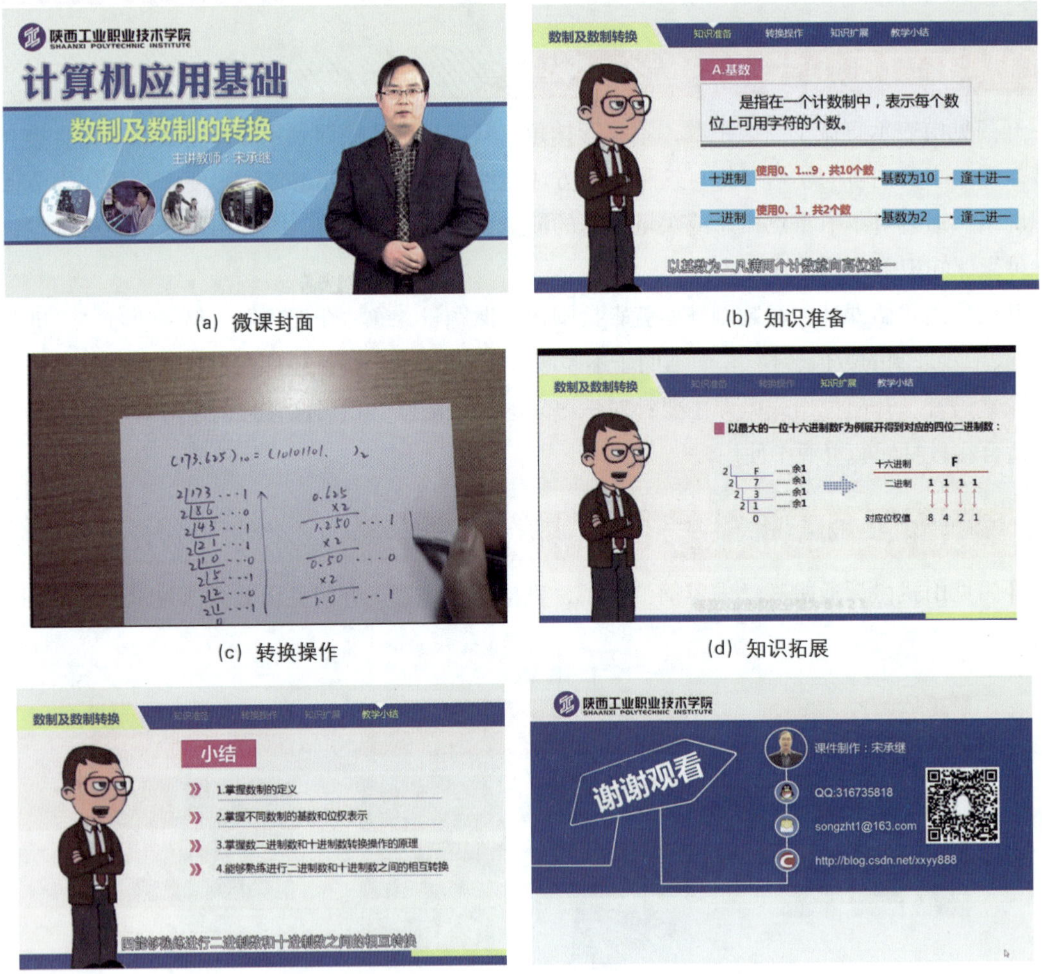

(a) 微课封面 (b) 知识准备

(c) 转换操作 (d) 知识拓展

(e) 小结 (f) 封底

图4-2 微课作品《数制及数制的转换》的界面

2. 微课教学设计展示

微课作品《数制及数制的转换》的教学设计见表 4-1。

表 4-1 微课作品《数制及数制的转换》的教学设计

<table>
<tr><th>微课标题</th><th>数制及数制的转换</th><th>所属课程</th><th colspan="2">计算机应用基础</th></tr>
<tr><td>所属专业</td><td>计算机应用技术</td><td>适用对象</td><td colspan="2">一年级学生</td></tr>
<tr><td>所属专业大类</td><td>电子信息</td><td>所属专业类</td><td colspan="2">计算机</td></tr>
<tr><td>授课教师</td><td>宋承继</td><td>所属学校</td><td colspan="2">陕西工业职业技术学院</td></tr>
<tr><td>教学思想与教学设计思路</td><td colspan="4">数制及数制转换是本章的一个教学重点，也是教学难点。如何设计教学过程使学生通过本堂课的学习掌握数制转换的要点，并从中领悟数制的特征和数制转换的关键步骤，是我在教学设计时重点思考的内容。教学设计上采用引导启发法、任务驱动法等教学方法授课，通过实例动画演示让学生轻松掌握数制转换的原理，通过 PPT 演示单步执行、知识描述、数据变化同步动画演示让学生更好地掌握数制转换操作的要点</td></tr>
<tr><td>教学背景</td><td colspan="4">“计算机应用基础”是高职一年级学生的公共基础课，数制及数制转换是计算机基础知识领域中的重要知识点，在软件开发、计算机应用等领域应用多、范围广。学习该内容之前，学生已经熟悉日常生活中通常使用的十进制概念及计算方法</td></tr>
<tr><td>教学目标</td><td colspan="4">知识目标：掌握数制的定义及数制转换的原理
能力目标：能够通过手工熟练进行二进制、十进制、十六进制数之间的相互转换操作
态度目标：培养学生逻辑思维和主动分析与解决问题的能力</td></tr>
<tr><td>教学重点 / 难点</td><td colspan="4">教学重点：数制的定义，不同数制间的转换原理
教学难点：二进制数和十进制数之间的转换操作</td></tr>
<tr><td colspan="5">教学过程设计</td></tr>
<tr><td>教学环节</td><td colspan="3">教学内容</td><td>时间分配</td></tr>
<tr><td>1. 新课提纲</td><td colspan="3">数制基础知识
数制转换原理
知识扩展
课堂小结</td><td>30 秒</td></tr>
<tr><td>2. 数制知识</td><td colspan="3">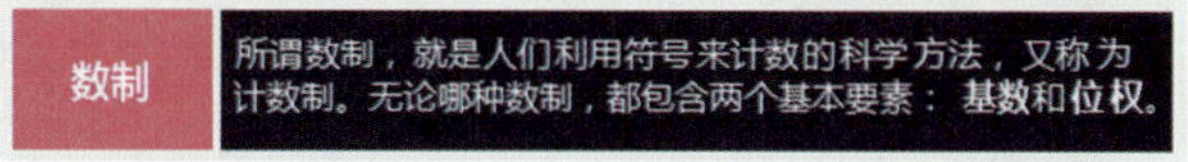

设计目的：统一数制的定义，引出数制的两个基本要素——基数和位权
教学方法：讲述
教学资源：PPT
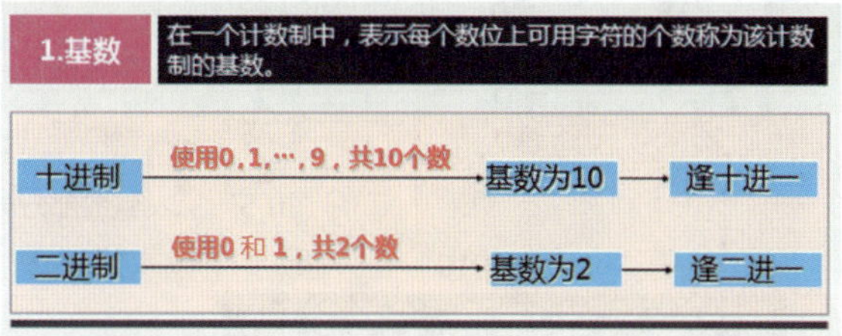

设计目的：通过人们熟知的十进制和最简单的二进制讲述基数的概念
教学方法：实例讲述
教学资源：PPT 动画</td><td>1 分钟</td></tr>
</table>

续表

<table>
<tr><th colspan="3">教学设计</th></tr>
<tr><th>教学环节</th><th>教学内容</th><th>时间分配</th></tr>
<tr><td>2. 数制知识</td><td>
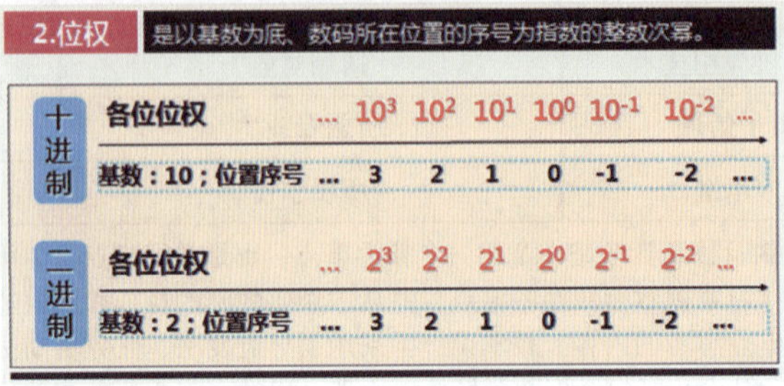

设计目的：通过人们熟知的十进制和最简单的二进制讲述基数的概念
教学方法：实例讲述
教学资源：PPT 动画</td><td>30 秒</td></tr>
<tr><td>3. 转换原理</td><td>
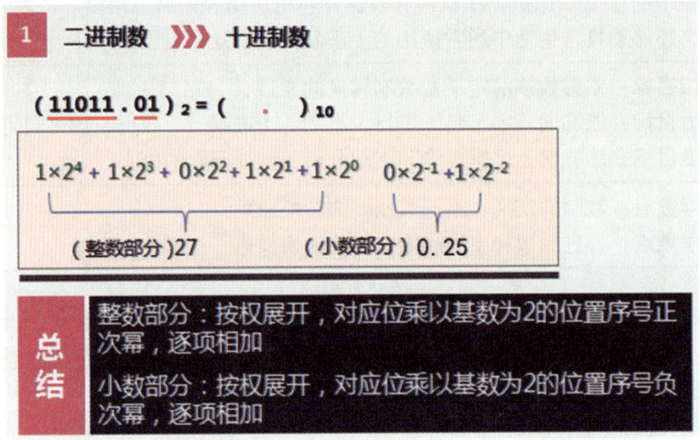

设计目的：通过人们熟知的十进制和最简单的二进制讲述位权的概念
教学方法：实例讲述
教学资源：PPT 动画
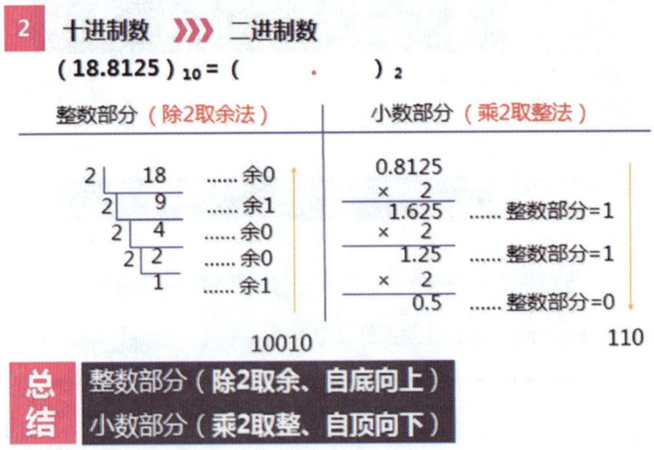

设计目的：通过实例讲解二进制转换十进制的方法
教学方法：实例讲述
教学资源：PPT 动画</td><td>3 ～ 4 分钟</td></tr>
</table>

续表

<table>
<tr><th colspan="3">教学设计</th></tr>
<tr><th>教学环节</th><th>教学内容</th><th>时间分配</th></tr>
<tr><td>4. 知识扩展</td><td>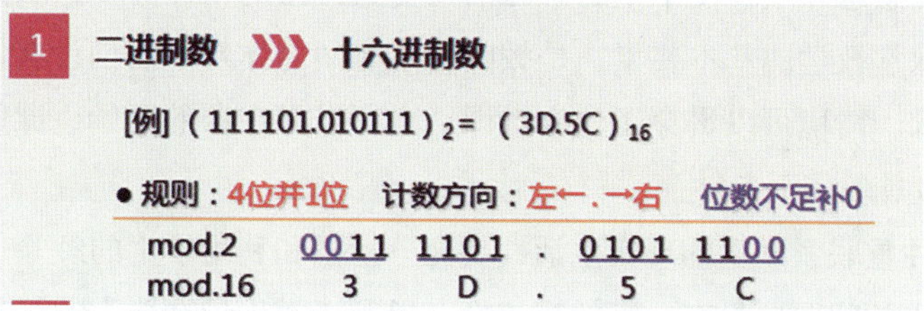

设计目的：通过算法设计步骤、算法改进及代码、描述、数据同步动画演示，让学生掌握代码的编写方法，提高程序设计水平
教学方法：任务驱动、引导启发法
教学资源：Flash 动画</td><td>1～2 分钟</td></tr>
<tr><td>5. 思考题</td><td>思考题
二进制数和八进制数如何进行转换？从中会发现什么规律？
教学方法：设问法
教学资源：幻灯片</td><td>10～15 秒</td></tr>
<tr><td>6. 知识总结</td><td>**教学方法：**归纳、回顾，突出重点和难点
教学资源：幻灯片</td><td>30～40 秒</td></tr>
<tr><td>教学总结与特色</td><td colspan="2">利用各种碎片化资源讲解知识点，将抽象、枯燥、乏味的知识通过实例动画和代码单步执行、知识描述、数据变化同步动画演示，让教师达到易教易授的效果，让学生达到愿学易学的效果</td></tr>
</table>

4.2 情境式微课教学设计应用

4.2.1 情境式微课简介

情境也即情景、境地，在一定时间内各种情况的相对的或结合的境况。从社会学角度讲，情境指与个体直接联系着的社会环境，与个体心理相关的全部社会事实的一种组织状态；从心理学角度讲，情境指对象和时间等多重刺激模式，对人有直接刺激作用，有一定的社会学意义和生物学意义的具体环境。综上所述，情境是指能使人引起情感变化的具体自然环境或社会环境。建构主义强调用真实背景中的问题启发学生的思维，其所指的真实背景就是情境。从学生角度看，情境可以理解为促使学生产生学习行为或从事学习活动的环境和背景，它是提供给学生思考空间的智力背景，能产生某种情感体验并诱发学生提出问题和解决问题的一种刺激事件或信息材料。

情境可分为三类：一类是真实的情境，指人们身边真实而具体存在的群体和环境；另一类是想象的情境，指在人的意识中有的群体和环境，人与意识通过各种媒介互相影响和作用；第三类是暗含的情境，指某人或群体某种行为中包含的某种象征意义。构成情境的要素有目标、角色、时空、设施、阻碍因素等。

教学情境通常指具有一定情感氛围的教学活动。孔子说：“不愤不启，不悱不发，举一隅不以三隅反，则不复也。”孔子的这段话，在肯定启发作用的情况下，尤其强调了启发前学生进入学习情境的重要性。所以，良好的教学情境能充分调动学生的学习主动性和积极性，启发学生思维，开发学生智力，是提高职教教学效果的重要途径。教学情境是指教师在教学过程中运用各种手段与方式创设的一种适教和适学的情感氛围，从而完成教学目标和任务。良好的情景可以使教学内容触及学生的情绪和意志领域，使学生的学习活动变为自己的精神需要，从而使课堂教学充满生命力。教学情境是课堂教学的基本要素，是教师教学意图的体现，而创设有价值的教学情境则是教学改革的重要追求。情境可以贯穿于整个微课，也可以是在课的开始、课的中间或课的结束。一个好的教学情境应具备如下条件：

① 生活性，要注重联系学生的现实生活，要充分挖掘和利用学生的经验。

② 问题性，提出的问题要具有一定的挑战性，以利于学生创造能力的培养。

③ 形象性，适合不同认知水平的学生学习，以引起学生的学习动机和兴趣。

④ 情感性，具有激发学生情感的功效。

⑤ 学科性，符合教学目标、教学内容、教学要求。

情境教学是指在教学过程中，依据教育学和心理学的基本原理，根据学生年龄和认知特点的不同，通过建立师生间、认知客体与认知主体之间的情感氛围，创设适宜的学习环境，使教学在积极的情感和优化的环境中开展，让学习者的情感活动参与认知活动，以期激活学习者的情境思维，从而在情境思维中获得知识、培养能力、发展智力的一种教学活动。它是利用具体的场景或所提供的学习资源以激起学习者主动学习的兴趣、提高学习效率的一种教学方法。

传统教学与情境教学的区别在于：传统教学是把存在于自然状态中、时间、空间上零散存在的知识本身抽取出来，直接呈现和传授给学生去理解记忆；情境教学是教师把自然状态的、在时间和空间上分散存在的情境，有目的地进行加工并组成有机的学习情境来组织课堂教学，学生在情境中发现问题和获取知识。不同的教学方式会引起完全不同的教学效果，传统教学中学生完全脱离知识和应用的背景，无法发现知识形成的途径，获得的知识难以应用于实践解决实际问题；情境教学中的学生得到学习策略和方法的锻炼，获得的知识与实践紧密结合。

课堂引入重视创设情境、设置任务，以激发兴趣，关注学生的内心体验与主动参与，把学生带入与教学内容有关的情境，让他们在情境中捕捉各种信息、产生疑问、分析信息并引出各种设想，引导他们在亲身体验中探求新知，开发潜能。为此，可从以下几方面进行实践。

1. 生活实例式

从学生熟悉的生产与生活的实际问题引入新课，能使学生感知书本知识和生活实际的紧密联系，从而激发学生的求知欲望。例如，在学习数据库时，可以让学生思考如何整理归纳班级学籍信息，如姓名、年龄、性别、籍贯和科目成绩等，从而引出建立学籍管理数据库。

2. 创设悬念式

针对微课内容精心创设任务情景，让学生的思维在情景中尽情展开，并适时设疑，利用学生的好奇心、好胜心引入新课。例如，在一场暴雨之后，汽车被大雨浸泡，车主启动发动机，发现汽车损坏，那么保险公司赔不赔车主的损失呢？带着这种悬念，学生开始学习“汽车保险与理赔”

课程的“近因原则”。

3. 实验演示式

英国教育心理学家托尼·斯托克维尔说：“要想快速而有效地学习任何东西，你必须去看它、听它、感觉它”。通过实验演示或实物展示，把抽象、枯燥的内容具体化、形象化，可以使学生获得直观的感性认识，加深对学习对象的理解。例如，课前准备了废旧的硬盘、光盘、U 盘和移动硬盘等，让学生从存储介质、组成材料、容量、存取速度等各方面分辨这几种外存的区别，从而引入“外存储器”的学习。再例如，请学生动手交换 A、B 杯中的可乐和橙汁，出现第 3 个空杯子的必然性，为本堂课讲解数据交换中的“中间变量”的作用打下坚实的基础。

4.2.2 情境式微课教学设计模式

情境式微课教学过程设计如图 4-3 所示。

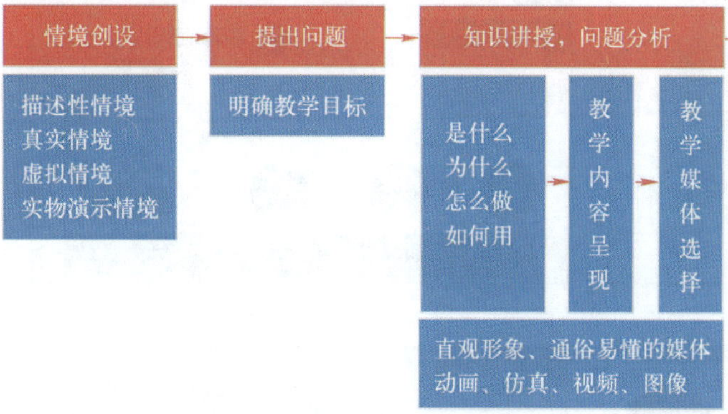

图4-3 情境式微课教学设计示意图

在情境式微课中，情境的创设要贴近生活，以吸引学习者，与学习者产生共鸣，增加关注度；知识的讲解要注意层次性，注重引导学习者思考；教学媒体的选择要适合表现形式，注重直观形象、通俗易懂；问题的讲解要注意情境的延续性，最终要解决情境中的问题；总结考核最好设置一些问题，以检验学生的学习效果，如果存在没有掌握的知识，可重新学习。

4.2.3 情境式微课的适用场合

生活展现情境能使学习者直接、鲜明地感知目标，易于在观察中启发想象，比较适合认知类、思政类和素养类课程。实物演示情境具体直观，易于展示现场观摩、操作，适用于汽车、机床等实践操作类的实践操作演示。图画视频再现情境易于针对问题，分析问题，贯穿解决问题，适用于案例分析类课程，如会计、心理健康、法律基础等。虚拟仿真情境可以描述成本较高、难以演示、有安全隐患的场景，如医学类、SMT、网络基础、通信类、电子与电气类、数控加工模拟等课程。音乐渲染情境适用于大学语文、大学美育、体育等课程。表演体会情境可分为进入角色和扮演角色，适用于情境剧式微课的制作。语言描绘情境中，语言要具有主导性、形象性、启发性和可知性，比较适用于素养类、讨论式的课程。情境的创设要选择适合的老师，恰当的数字媒体资源，表现力较强的老师可以使用语言描绘情境，音乐可以衬托音乐渲染情境，图画、视频、动画可以描述图画视频再现情境，还可以描述生活展现情境等。

4.2.4 案例展示

1. 微课作品展示

本例是刘春月老师的微课作品《汽车保险赔不赔？近因原则告诉你！》，如图 4-4 所示。

(a) 微课封面　(b) 情境引入

(c) 知识讲授1　(d) 知识讲授2

(e) 问题讲解　(f) 小结拓展

图4-4　微课作品《汽车险赔不赔？近因原则告诉你！》界面

2. 微课教学设计展示

微课作品《汽车保险赔不赔？近因原则告诉你！》的教学设计见表 4-2。

表 4-2　微课作品《汽车保险赔不赔？近因原则告诉你！》的教学设计

微课标题	汽车保险赔不赔？近因原则告诉你！	所属课程	汽车保险与理赔
所属专业	汽车技术服务与营销	适用对象	汽车类专业学生
所属专业大类	制造大类	所属专业类	汽车类
授课教师	刘春月	所属单位	淮安信息职业技术学院
教学背景	令开车的朋友们懊恼的事情莫过于车辆买了保险，但出了事故却被保险公司告知不在理赔范围内。 在理解近因概念的基础上，重点掌握近因的判断方法，进而运用近因原则分析汽车保险事故是否属于理赔范围		

续表

<table>
<tr><td>微课标题</td><td>汽车保险赔不赔？近因原则告诉你！</td><td>所属课程</td><td>汽车保险与理赔</td></tr>
<tr><td>教学思想与教学设计思路</td><td colspan="3">采用基于问题的教学模式，为激发学生的学习兴趣，通过视频案例，采用“提出问题”→“分析问题”→“解决问题”的教学思路，教学过程注重学生自主分析问题能力的培养。
首先通过视频引出问题，“暴雨”→“车被浸泡”→“启动发动机”→“汽车损坏”，保险公司赔不赔。
然后，通过讲授，学习近因原则中的重要知识点——近因的判断。掌握近因的判断方法，分 4 种情况介绍，每种情况都以一个案例进行解释，最后一种情况以“车被浸泡”（视频引入）为例，首尾呼应，引导学生运用近因原则进行分析，揭晓答案。
最后通过典型案例，强化近因判断的应用效果，引导学生运用近因判断方法独立分析案例，实现学以致用</td></tr>
<tr><td>教学目标</td><td colspan="3">① 掌握近因、近因原则的含义
② 掌握汽车保险近因原则的应用，能够准确判断近因
③ 能够运用近因原则分析汽车保险责任</td></tr>
<tr><td>教学重点 / 难点</td><td colspan="3">重点：运用近因原则分析汽车保险责任
难点：汽车事故近因的判定方法</td></tr>
<tr><td colspan="4">教学设计</td></tr>
<tr><td>教学环节</td><td colspan="2">教学内容</td><td>时间分配</td></tr>
<tr><td>1. 情境创设
问题引入</td><td colspan="2">
设计目的：通过汽车浸水事件，引出问题“保险公司能否赔偿？”激发学生兴趣
教学方法：引导启发法
教学资源：Flash 二维动画</td><td>40 ～ 50 秒</td></tr>
<tr><td>2. 概念学习</td><td colspan="2">近因与近因原则概念的界定：近因是引起保险标的损失的最直接的、最有效的、起决定作用的因素；近因原则是判断风险事故和保险标的损失之间的因果关系，从而确定保险赔偿责任的一项基本原则</td><td>1 分 30 秒</td></tr>
<tr><td>3. 知识学习</td><td colspan="2">（1）单一原因致损

设计目的：通过案例分析，使学生明白单一原因致损，即造成损失的原因只有一个，该原因就是近因
教学方法：案例演示、归纳分析法
教学资源：PPT 动画</td><td>30 秒</td></tr>
</table>

续表

<table>
<tr><th colspan="3">教学过程设计</th></tr>
<tr><th>教学环节</th><th>教学内容</th><th>时间分配</th></tr>
<tr><td>3. 知识学习</td><td>

（2）多种原因并存发生致损

设计目的： 通过案例分析，使学生明白多种原因并存发生致损，即各原因发生没有先后之分，没有因果联系，且对损害结果的形成都有直接和实质的影响，则原则上它们都是近因

教学方法： 案例演示、归纳分析法

教学资源： PPT 动画

（3）多种原因连续发生致损

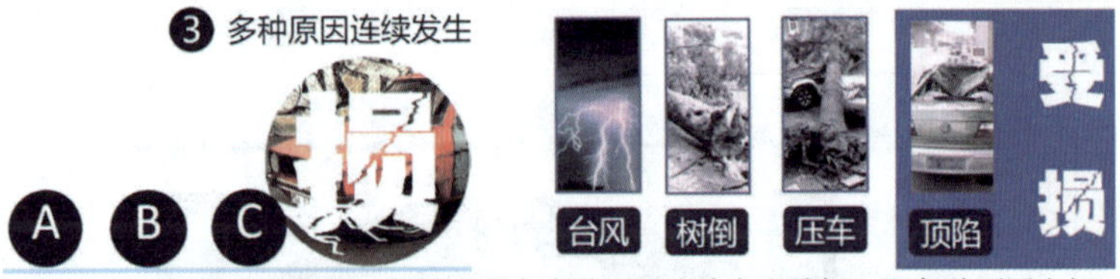

设计目的： 通过案例分析，使学生明白多种原因连续发生致损，即各种原因之间具有因果关系，并且没有间断，则最先发生并造成一连串事故的原因为近因

教学方法： 案例演示、归纳分析法

教学资源： PPT 动画

（4）多种原因间断发生致损

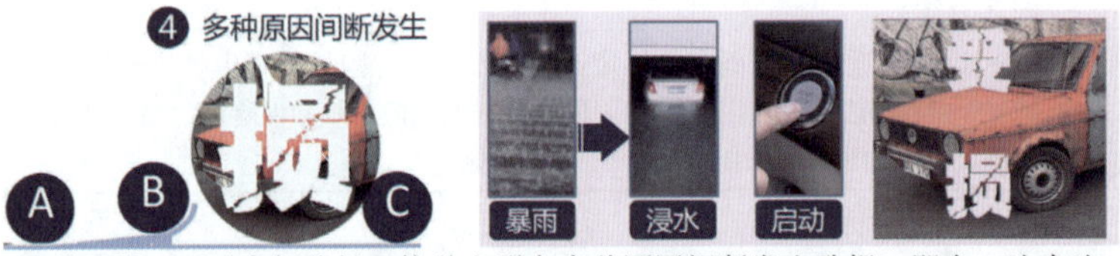

设计目的： 通过案例分析，使学生明白多种原因间断发生致损，即在一连串连续发生的原因中，有一项新的独立的原因介入，并且成为导致损失的最直接、最有效的原因时，则该独立的新原因即为近因

教学方法： 案例演示、归纳分析法

教学资源： PPT 动画

</td><td>4～5 分钟</td></tr>
<tr><td>4. 解决问题</td><td>通过对单一原因致损、多种原因并存发生致损、多种原因连续发生致损、多种原因间断发生致损的学习，学生自己可得出结论，引入的“汽车浸水”问题自然得到解决</td><td>30 秒</td></tr>
<tr><td>5. 新案例分析</td><td></td><td>30 秒</td></tr>
</table>

续表

教学过程设计		
教学环节	教学内容	时间分配
5. 新案例分析	某公司组织员工乘坐大巴车旅游。途中大巴车与一辆货车发生严重碰撞，大巴车上员工 A 因颅脑严重受损，失血过多，经抢救无效死亡；员工 B 患有心脏病多年，车祸中失去一条大腿，手术过程中突发心肌梗塞，经抢救无效死亡。分别分析两人死亡的近因。 **设计目的：** 引入更为复杂的问题，使学生所学的知识得到进一步的应用，达到知识内化与应用目的 **教学方法：** 案例演示 **教学资源：** 3D 动画（模拟汽车车祸场景）	
6. 过程推理分析	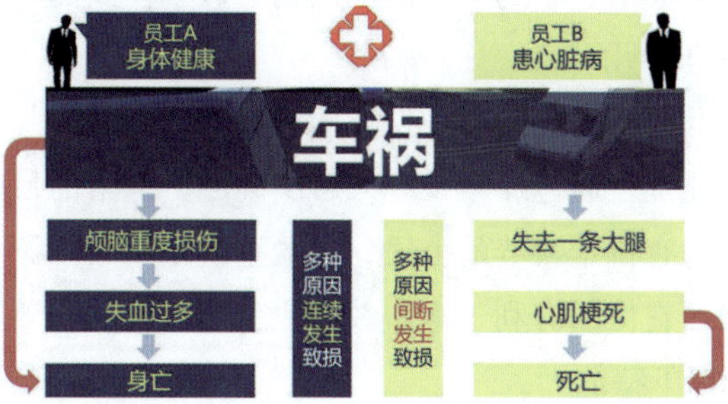 **设计目的：** 学生在老师的启发下，自主分析上述案例中的员工 A、B 死亡的近因，按照从易到难的顺序 **教学方法：** 引导启发法 **教学资源：** PPT 动画	2 分钟
7. 知识总结	总结主要知识点：近因概念、近因原则、近因判断 重点强调近因判断的思路与方法	30 ～ 40 秒

4.3 探究式微课教学设计应用

4.3.1 探究式微课简介

《辞海》将探究解释为“深入探讨，反复研究”。探究有广义与狭义之分。广义的探究是一种积极主动的思维方式，泛指一切独立解决问题的活动；狭义的探究是专指科学探究或科学研究。简单地讲，“探究”就是努力寻找答案，解决问题。

美国学者彼得森认为，“科学探究是一种系统的调查研究活动，其目的在于发现并描述物体和事物之间的关系。其特点是：采用有秩序的和可重复的过程；简化调查研究对象的规模和形式；运用逻辑框架作解释和预测。探究的操作活动包括观察、提问、实验、比较、推理、概括、表达、运用及其他活动。”

探究式教学，就是以探究为主的教学。具体地说，它是指教学过程中在教师的启发诱导下，以学生独立自主学习和合作讨论为前提，以某个知识点或者技能点为基本探究内容，以学生周围世界和生活实际为参照对象，为学生提供充分自由的表达、质疑、探究、讨论问题的机会，让学生通过个人、小组、集体等多种解难释疑尝试活动，将自己所学的知识应用于解决实际问题的一种教学形式。

探究式教学就是将科学作为探究过程来讲授，让学生像科学家进行科学探究一样在探究过程中发现科学概念、科学规律，培养学生的探究能力和科学精神，找到解决问题的方法。具体包含两层意思，一是从教师角度——教学方面的研究，即探究式教学；二是从学生角度——学习层面的研究，即探究性学习。在教学过程中，教师和学生的作用是相互的，不能分开的。

探究教学模式，就是在探究教学理论的指导下，在探究教学实践经验的基础上，为发展学生的探究能力，培养其科学态度及精神和按模式分析等方法建构起来的一种教学活动结构与策略体系。一般来说，探究教学模式包含理论基础、教学目标、操作程序与实施条件。探究教学模式表现为教学活动结构和教学策略体系四大要素。之所以这样理解，是由于探究教学模式从发展之初就是作为教学策略出现的，更注重微观层面，因而具有可操作性；同时，探究教学模式具有特定的顺序性和阶段性，因此形成了一定的教学活动结构。教学模式的本质是程序，是对教学设计、实施、评价与反思等程序的说明。

由于探究教学是师生共同开展的教学与探究活动，因此强调教师要创设一个以“学”为中心的智力和社会交往情境，让学生通过探索发现来解决问题。探索的目的不是把少数学生培养成科学精英，而是要使学生成为有科学素养的公民，它既重视结果又强调知识获得的过程，突出以学生为中心和全体参与，因而它特别有利于素质教育、创新教育的有效实施。探究式教学符合自然科学的认知规律。其具有以下特征。

① 教学过程的主体性。探究式教学是学生在教师指导下的自主探究，在教学过程中突出了学生的主体性，教师的主导完全是为了更好地发挥学生的主体作用，并通过学生主体的充分参与、主动探究和主体的发展反映出来。

② 探究学习的自主性。在探究式教学中，学生是在教师的指导下自主参与教学的全过程，要获取知识，靠的是自己的主动探究，而不是填鸭式的接受灌输。

③ 情境创设的问题性。问题是科学探究的动力、起点，教学中若不能提出富有吸引力和挑战性的问题，学生就不会形成强烈的问题意识，也就不会有认知的冲动性和思维的积极性，因此问题是探究教学的关键和核心。创设的具体问题既要充分关注学生的兴趣所在，又要处理好学生倾向与教学目标之间的关系，使二者有机结合。

④ 信息交流的互动性。探究式教学强调在自主探究的基础上进行小组或班级的合作学习探究，与传统模式由教师单向的信息传递所不同的是在课堂上师生之间、学生之间进行动态的信息交流，实现师生间的相互沟通、相互影响、相互补充，师生在互教互学中，形成学习的共同体。每个学生都能发挥各自的优势，获得表现的机会，从而激起探究性学习的热情。

⑤ 师生关系的和谐性。探究式教学尊重学生的主体地位，通过师生互动，创建活泼、积极主动的课堂教学气氛。教师的教完全是为了学生的学，师生之间民主平等，易于形成具有感染力和催人向上的教学情境，学生受到熏陶，由此激发出学习的无限热情和积极性。而缺乏交流的师生之间甚至严重对立的课堂教学气氛则会抑制学生的学习热情，更甚者则使学生产生厌学情绪。

⑥ 教学要求的针对性。由于环境、教育、经历、主观努力和先天遗传等的不同，学生之间具有较大的个体差异，传统的教学模式无视其差异，一部分学生感到要求过低，一部分学生又感到要求过高，造成两极分化。而探究式教学对不同层次的学生提出不同的教学要求和不同的学习任务，符合因材施教，教学要求有针对性，更为实现有效的课堂教学创造了条件。

⑦ 教学评价的激励性。探究式教学变教师独自评价为师生共同评价，自评、互评、组评、师

评、综合评价相结合，既重结果又重过程。又由于探究式教学分层次要求，学生在原有基础上获得不同程度的进步，既累积了知识，又开发了潜能，因而都有机会受到表扬激励，获得成功的体验，从而满足自我实现的需要。

总之，探究式微课教学设计就是指结合知识点与技能点适当的学习内容，创设生活中的尤其与专业相关的教学情境，以问题为中心，采取合作交流的方式，在教师的引导下，通过学生的实验、观察、操作、调查、信息搜索等方式，学生自主地解决问题的教学设计。

4.3.2 探究式微课教学设计模式

探究式微课教学设计如图 4-5 所示。

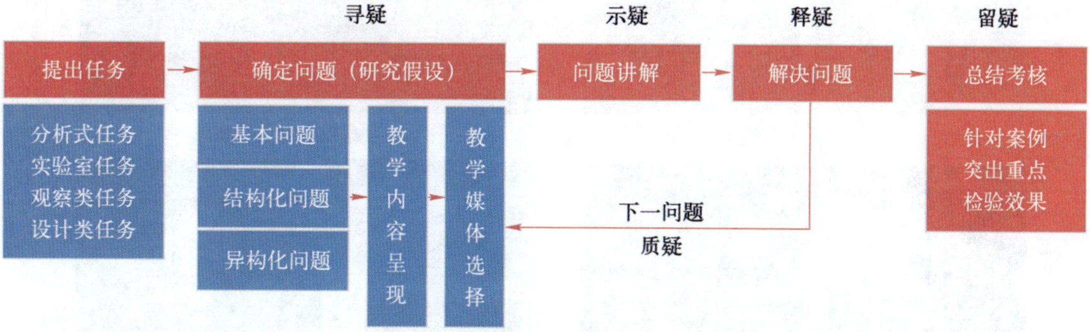

图4-5 探究式微课教学设计示意图

探究式教学是一种以学生为中心的教学模式，主要强调学生主体地位的发挥，倡导学生自主、合作、科学思维的学习方式与策略。然而，在微课的教学设计中，主要以教师为主要讲解者，所以强调老师的角色扮演问题，既可以使用学生提出问题，也可以使用教师扮演学生角色提出问题，探究问题，解决问题。探究式微课的教学设计包括提出问题、产生假设、验证假设、总结结论 4 个环节。

4.3.3 探究式微课的适用场合

探究式微课适用于理论性与实践性并重的工科类课程，如数据结构、数控机床的维修、机电设备故障诊断与维修、计算机的维修、网络故障的诊断与维修等。例如，在《数据结构》或者《C 语言程序设计》课中，为了更好地发挥实践教学对算法学习的促进作用，在探究式学习理论的指导下，研究并实践以学生为本，以团队协作为载体，融合任务驱动式、启发式等教学方法的教学模式，提高学生调试代码的能力。又如，在《机电设备故障诊断与维修》微课中，呈现某种故障现象可能是由哪些因素导致的，就是一个“假设排除假设—缩小范围—找到故障”的过程。

4.3.4 案例展示

1．微课作品展示

本例是中山职业技术学院张书老师的微课作品《电梯安全回路故障排除》，如图 4-6 所示。

(a) 微课封面　(b) 提出任务：电梯故障

(c) 分析问题　(d) 观察安全继电器状态

(e) 缩小故障范围　(f) 底坑检查

(g) 复位电源，观察安全继电器状态　(h) 操作电梯，验证排除方法是否正确

图4-6　微课作品《电梯安全回路故障排除》界面

2. 微课教学设计展示

微课作品《电梯安全回路故障排除》的教学设计见表 4-3。

表 4-3　微课作品《电梯安全回路故障排除》的教学设计

微课标题	电梯安全回路故障排除	所属课程	机电设备故障诊断与维修
所属专业	电梯维护与管理	适用对象	电梯维护与管理专业学生
所属专业大类	制造大类	所属专业类	机电设备类
授课教师	张书	所属单位	中山职业技术学院

续表

微课标题	电梯安全回路故障排除	所属课程	机电设备故障诊断与维修
教学背景	《电梯维修工》国家职业标准明确提出：电梯故障排除是该工种必备技能。在电梯各种故障中，安全回路故障占据了一定比例，是电梯维修工在岗位上典型的工作任务，是必须具备的基础技能。所谓电梯安全回路，就是在电梯各安全部件都装有一个安全开关，把所有的安全开关串联，控制一只安全继电器。只有所有安全开关都在接通的情况下，安全继电器吸合，电梯才能得电运行。理解安全回路的组成并学会分析、排除安全回路故障是电梯维修工必须掌握的知识和技能。因此，将“电梯安全回路故障排除”设置为电梯维护与管理专业的典型教学任务，符合岗位职业能力要求，使教学和工作实际真正结合到一起		
教学思想与教学设计思路	采用探究式的教学模式，为激发学生的学习兴趣，通过真实的电梯故障，采用“依据问题，提出任务—确定问题（观察现象分析问题，研究假设）—逐步探索，解决问题—教学小结”的思路进行了教学设计		
教学目标	掌握电梯安全回路的识读方法；掌握电工安全操作事项；能根据故障现象正确判断故障原因；能根据分析结果正确排除故障；能正确使用电工工具；能按照标准要求正确调整断绳开关位置		
教学重难点	重点：依据现象，找出故障现象的关键点，分段测量电阻法的使用，断绳开关故障的排除 难点：准确判断故障原因，安全回路故障所在具体位置的确定方法，断绳开关位置的调整方法		

教学设计		
教学环节	教学内容	时间分配
1. 情境创设任务提出	 **设计目的：**引起关注，维修人员遇到这种情况应该如何处理 **教学方法：**引导启发法	30 秒
2. 观察现象分析问题	按下“呼梯”按钮，看电梯能否启动。观察按钮灯是否点亮，确认信号有没有登记成功。如果电梯均不动，观察电梯安全继电器的吸合情况，判断电梯运行条件 **设计目的：**遇到问题时，维修人员如何初步判断与处理 **教学方法：**讲授法、演示法	1 分钟
3. 观察安全继电器状态，测量安全继电器电压	 先观察安全继电器的状态，看到安全继电器没有吸合，可初步断定是安全回路的问题。然后测量安全继电器线圈两端的电压。这时万用表值为 0，说明安全回路是断开的。此时，可以确认这台电梯的故障就出在安全回路上 **设计目的：**如何根据现象分析问题，找到思路 **教学方法：**讲授法、演示法	1 分钟 30 秒

续表

教学设计		
教学环节	教学内容	时间分配
4. 缩小故障范围	 把控制柜电源断开，将万用表调到蜂鸣档。从图纸上的B110端开始测量，如先将万用表一端接到B110端，另一端接到04端，此时听到万用表发出“嘀”的响声，指针显示0欧姆，说明B110到04是导通的。 用同样的方法依次往下测量，直到发现06到24端子间是断开的，这时把故障范围缩小到底坑范围的安全开关 **设计目的：**采用电阻测量法缩小故障范围 **教学方法：**讲授法、演示法	1分钟
5. 进入底坑检查，排除故障	 首先检查断绳开关，发现断绳开关触头已经被压板触碰到，说明断绳开关动作了。进一步分析，发现这是一台新安装的电梯，钢丝绳在涨紧装置重锤的作用下向下拉长碰到了断绳开关。处理方法是将钢丝绳缩短，使涨紧装置向上移动，直到恢复至正常位置。最后到底坑将断绳开关复位 **设计目的：**通过探究，逐步缩小范围，进入坑道，排除故障 **教学方法：**讲授法、演示法	2分20秒
6. 复位电源，观察安全继电器状态	 回到机房，复位电源。再观察安全继电器，发现继电器处于吸合状态，说明安全回路导通 **设计目的：**验证故障排除的结果 **教学方法：**讲授法、演示法	30秒

续表

教学过程设计		
教学环节	教学内容	时间分配
7. 操作电梯，验证排除方法是否正确	故障排除后，再来操作电梯，验证刚才的判断和排除的方法是否正确。 按下呼梯按钮，按钮灯点亮，电梯运行，电梯恢复正常。说明刚才排除故障的方法是正确的	30 秒
8. 教学总结	这一讲学习了电梯安全回路故障的排除方法。当电梯出现故障时，首先要观察故障现象，判断故障原因，然后采取安全有效的方法排除故障，恢复电梯正常运行 **设计目的：**回顾排除故障的思路与方法 **教学方法：**讲授法	40 秒
9. 思考	1. 电梯安全回路中包含了哪些电气开关 2. 若电梯缓冲器电气开关动作，维修人员应该如何着手解决？请写出解决方案 **设计目的：**考核评价、拓展思考	15 秒

4.4 抛锚式微课教学设计应用

4.4.1 抛锚式微课简介

建构主义“以学为主”的教学策略有支架式教学、抛锚式教学和随机进入教学三种。这三种教学策略都体现了以学生为中心的教学设计，能有效地促进学生的自主学习和对知识意义的主动建构。

抛锚式教学是指在多样化的现实生活背景中或在利用技术虚拟的情境中运用情境化教学技术以促进学生反思提高迁移能力和解决复杂问题能力的一种教学方法。抛锚式教学是一种学习框架，它主张学习者在基于技术整合的学习环境中学会解决复杂问题。在这种学习环境中，学生的学习内容和学习过程是真实的，所学结果具有较高的迁移性，从而使学生的学习变得有意义。

抛锚式教学要求建立在有感染力的真实事件或真实问题的基础上。确定这类真实事件或问题被形象地比喻为“抛锚”，因为一旦这类事件或问题被确定了，整个教学内容和教学进程也就被确定了（就像轮船被锚固定一样）。建构主义认为，学习者要想完成对所学知识的意义建构，即达到对该知识所反映事物的性质、规律以及该事物与其他事物之间联系的深刻理解，最好的办法是让学习者到现实世界的真实环境中去感受、去体验（即通过获取直接经验来学习），而不是仅仅聆听别人（如教师）关于这种经验的介绍和讲解。

由于抛锚式教学要以真实事例或问题为基础（作为“锚”），所以有时也被称为“实例式教学”或“基于问题的教学”。

抛锚式教学中的核心要素是“锚”，学习与教学活动都要围绕着“锚”来进行设计。教学中使用的“锚”一般是有情节的故事，而且这些故事要设计得有助于教师和学生进行探索。在进行教学时，这些故事可作为“宏观背景”提供给师生。由于该模式在全球范围内产生较大的影响，已得到广泛认可和应用。

抛锚式教学的基本环节包括创设情境、确定问题、自主学习、协作学习、效果评价。然而，基于微课本身是一种单向的教学，所以它在基于抛锚式微课开发时，更多地是基于真实事例或问题为基础的实例式教学，或者是基于问题的教学。

4.4.2 抛锚式微课教学设计模式

抛锚式微课教学设计如图 4-7 所示。

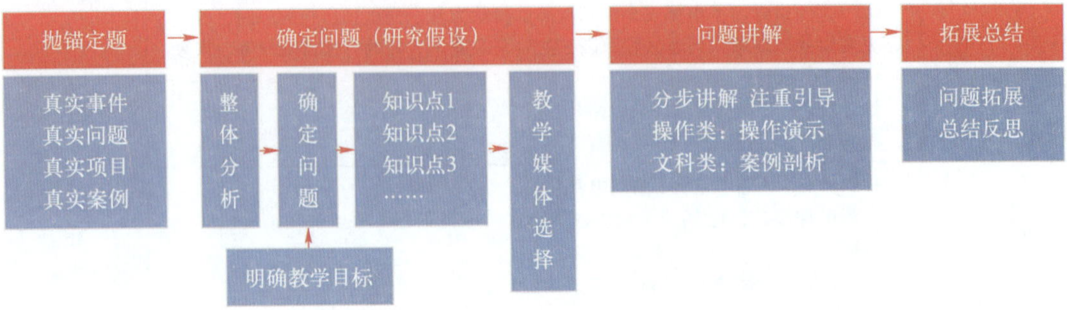

图4-7 抛锚式微课教学设计示意图

抛锚式教学的主要目的是使学生在一个完整、真实的问题、事件或环境（具体来讲就是一个事件、一个真实的设备场景，或者是一个真实的项目）中产生学习的需要，并通过学习者共同体中成员间的互动、交流，即合作学习，凭借自己的主动学习、生成学习，亲身体验从识别目标到提出和达到目标的全过程。总之，抛描式教学是使学生适应日常生活，学会独立识别问题、提出问题、解决真实问题的一个十分重要的途径。

4.4.3 抛锚式微课的适用场合

抛锚式微课适用于思想政治类、财经类等文科或者素养类讲事实、说道理的系列专题微课开发，因为这种类型的课程通常能以视频、动画、图片的方式把学生引入相关的事件当中，表达方式相对单一。如果针对工科类课程，则涉及相关的实践项目，具体包括项目的展示、问题的分析、教师的相关操作与演示等。

4.4.4 案例展示

1. 微课作品展示

本例是淮安信息职业技术学院冯莉老师的微课作品《危险驾驶罪》，如图 4-8 所示。

(a) 微课封面

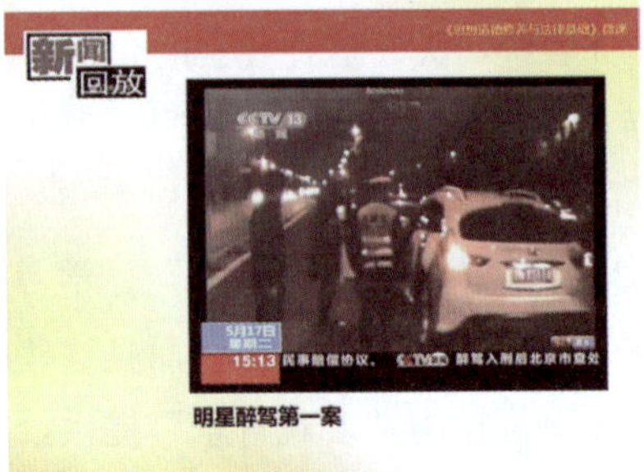

(b) 事件引入

图4-8 微课作品《危险驾驶罪》界面

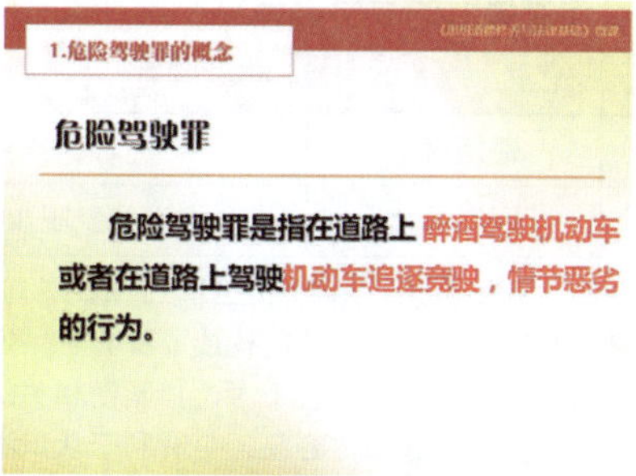

(c) 问题概念讲解

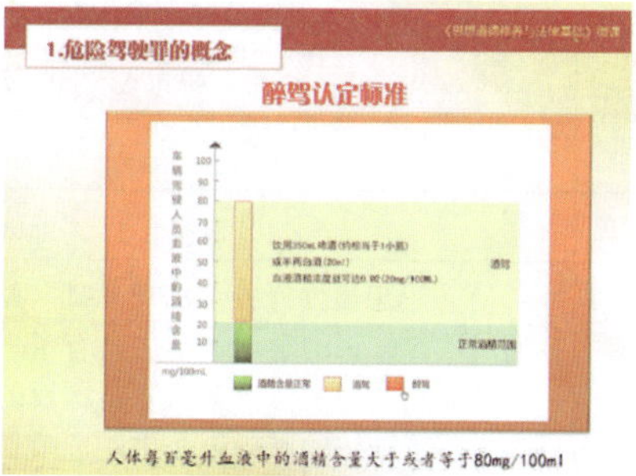

(d) 醉驾认定标准

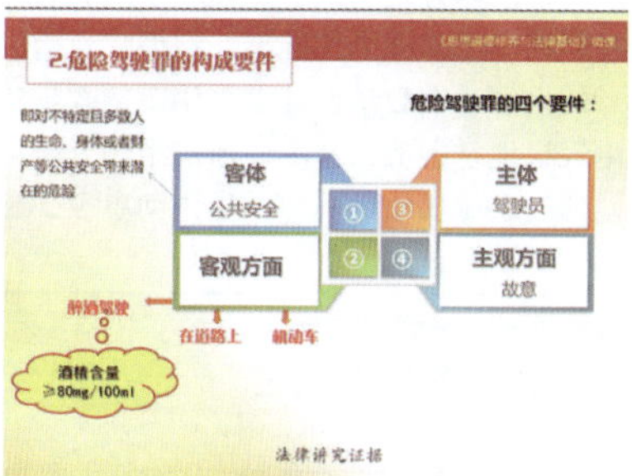

(e) 醉驾的构成要件

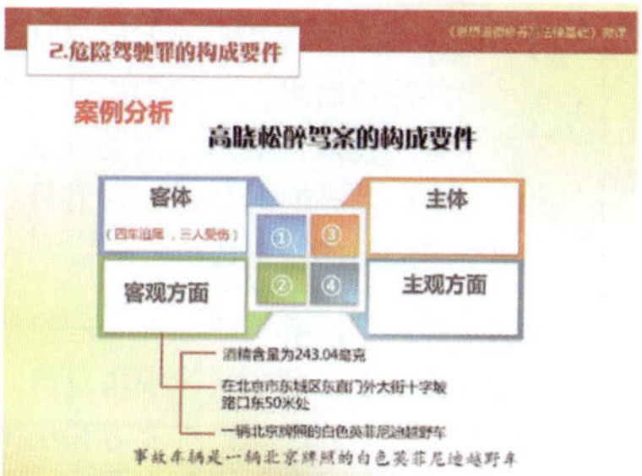

(f) 案例分析

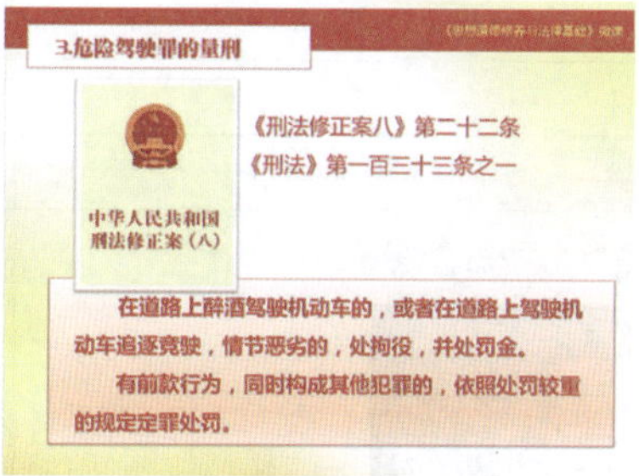

(g) 危险驾驶罪的量刑

(h) 危险驾驶罪的连锁法律效应

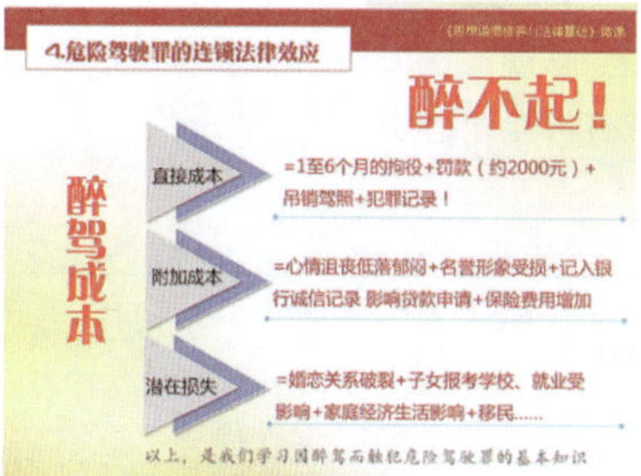

(i) 警示“罪不起”

(j) 小结：警示“远离酒驾”

图4-8 微课作品《危险驾驶罪》界面（续）

2. 微课教学设计展示

微课作品《危险驾驶罪》的教学设计见表4-4。

表 4-4　微课作品《危险驾驶罪》的教学设计

微课标题	危险驾驶罪	所属课程	思想道德修养与法律基础
所属专业	思想政治公共课	适用对象	大一新生
授课教师	冯莉	所属单位	淮安信息职业技术学院
教学背景	“思想道德修养与法律基础”是对大一新生开展思想、道德和法律教育的一门公共基础课。通过法律知识的学习，学生具有了一定的法律基础知识，对刑法的构成要件有了一定了解。危险驾驶罪是《刑法修订案八》新增设的罪名，同时也是一项与社会千家万户紧密相关的罪名。在学生学习了刑法的基础上，讲解危险驾驶罪，使学生理解起来更容易，更有利于认识酒后开车的危害		
教学思想与教学设计思路	危险驾驶罪是 2011 年 2 月 25 日颁布的《刑法修订案（八）》新增设的罪名，醉驾入刑的目的是预防人们醉酒驾车。如何设计教学过程，使学生掌握醉驾标准，掌握醉驾构成要件以及醉驾要承担的法律后果，是教学设计时重点思考的内容。在教学设计上采用案例教学法、引导启发法等教学方法授课，通过二维动画演示让学生轻松地掌握醉驾标准，通过案例分析、知识描述让学生掌握危险驾驶罪的构成要件和处罚结果，通过案例展示，引导学生主动思考，通过成本计算让学生了解醉驾的昂贵代价		
教学目标	**知识目标：**掌握醉驾的标准、危险驾驶罪的构成要件及量刑 **能力目标：**学会利用法律视角看待问题，认识到酒后驾车害人害己 **素质目标：**培养法律思维能力和法律素养		
教学重难点	**教学重点：**1. 醉酒驾车的标准 2. 危险驾驶罪的构成要件 **教学难点：**危险驾驶罪的构成要件		
教学设计			
教学环节	教学内容		时间分配
1. 案例导入	 **设计目的：**通过生活实例进行问题引入，吸引学生注意力 **教学方法：**引导启发法 **教学资源：**新闻视频		1 分钟
2. 新课提纲	危险驾驶罪的概念 危险驾驶罪的构成要件 危险驾驶罪的量刑 危险驾驶罪的连锁法律效应		10 秒
3. 分析问题	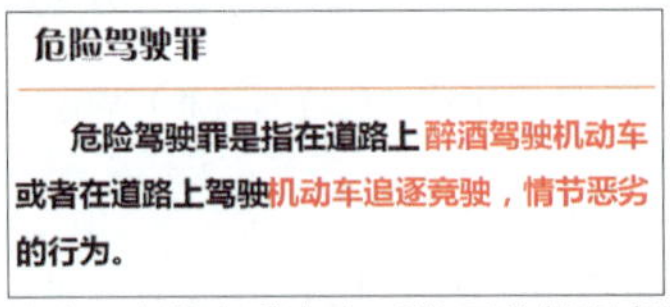 **设计目的：**通过概念展示，让学生明白今天学习的触犯危险驾驶罪的具体类型		50 秒

续表

<table>
<tr><th colspan="3">教学过程设计</th></tr>
<tr><th>教学环节</th><th>教学内容</th><th>时间分配</th></tr>
<tr><td>3. 分析问题</td><td>
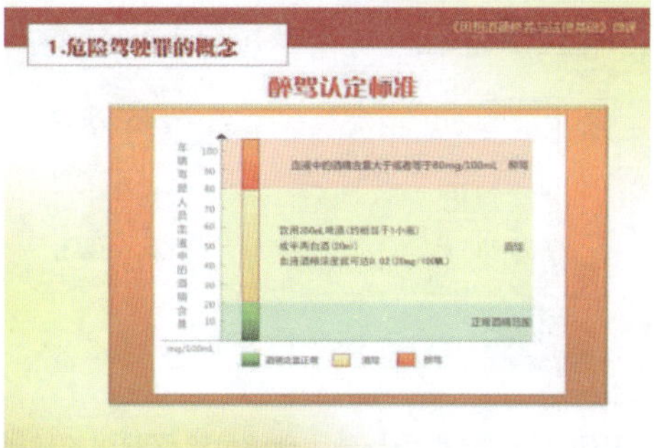

设计目的：让学生清楚知道酒驾和醉驾的标准
教学方法：动画展示
教学资源：Flash 动画
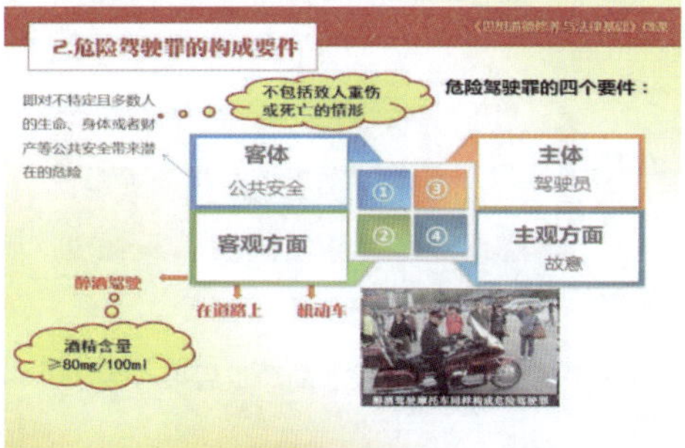

设计目的：让学生清楚知道触犯危险驾驶罪的构成要件
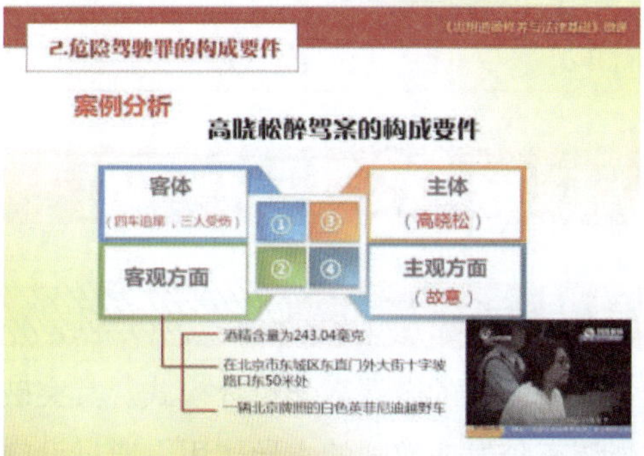

设计目的：通过案例分析引导学生运用危险驾驶罪的构成要件分析问题
教学方法：案例分析
教学资源：视频播放、幻灯片
</td><td>4～5 分钟</td></tr>
<tr><td>4. 量刑法律规定</td><td>在道路上醉酒驾驶机动车的，或者在道路上驾驶机动车追逐竞驶，情节恶劣的，处拘役，并处罚金。有前款行为，同时构成其他犯罪的，依照处罚较重的规定定罪处罚</td><td>30 秒</td></tr>
</table>

续表

教学过程设计		
教学环节	教学内容	时间分配
5. 案例分析	 **设计目的：** 通过案例分析和比较引导学生理解危险驾驶罪的量刑 **教学方法：** 引导启发法、课堂讨论 **教学资源：** 幻灯片	1 ～ 2 分钟
6. 教学延伸	 **设计目的：** 让学生认识到触犯危险驾驶罪的严重后果 **教学资源：** 幻灯片	1 分钟
7. 知识总结	**设计目的：** 通过醉酒成本计算，使学生认识到醉驾引发的严重后果 **教学方法：** 归纳总结 **教学资源：** 幻灯片	10 ～ 20 秒

4.5 理实一体式微课教学设计应用

4.5.1 理实一体式微课简介

理实一体式微课即理论实践一体式的微课教学设计模式。其突破以往理论与实践相脱节的现象，教学环节相对集中。它强调充分发挥教师的主导作用，通过设定教学任务和教学目标，让师生双方边教、边学、边做，全程构建素质和技能培养框架，丰富理论教学与实践教学环节，提高教学质量。在整个教学环节中，理论和实践交替进行，直观和抽象交错出现，没有固定的先实后理或先理后实，而理论中有实践演示，实践中有理论的应用，突出学生动手能力和专业技能的培养，可充分调动和激发学生的学习兴趣。

理实一体式教学中主要运用讲授法、演示法、练习法。

（1）讲授法

讲授法重点在课堂上，将项目展开并通过演示操作及相关内容的讲解后进行总结，从而引出一些概念、原理并进行解释、分析和论证，根据教学内容，既突出重点，又系统地传授知识，使学生在较短的时间内获得构建的系统知识，讲授要求有系统性，重点突出，条理清楚。讲课的过程是说理的过程，即“提出问题—分析问题—解决问题”，做到由浅入深，由易到难，既符合知识本身的系统，又符合学生的认识规律，使学生逐步掌握专业知识。

（2）演示法

演示法是教师在理实一体教学中通过教师进行示范性实验及示范性操作等手段使学生通过观察获得感性知识的一种好方法。它可以使学生获得具体、清晰、生动、形象的感性知识，加深对所学知识点与技能点的理解，把抽象理论和实际事物及现象联系起来，帮助学生形成正确的概念，掌握正确的操作技能。教师要根据课题选择好设备，如软件、工具、量具等。

（3）练习法

练习法是指学生学习完理论课之后，在教师的指导下进行操作练习，从而掌握一定的技能和技巧，对理论知识通过操作练习进行验证，系统地了解所学的知识，练习时一定要掌握正确的练习方法，强调操作安全，提高练习的效果。教师要认真巡回指导，加强监督，发现错误动作立即纠正，保证练习的准确性。对每名学生的操作次数及质量作好记录，以提高学生练习的自觉性，促进练习效果的提高。对不操作的学生要求在旁边认真观摩，指出操作中的错误，教师及时提问，并作为平时的考核分。

理实一体式教学模式旨在使理论教学与实践教学交互进行，融为一体。采用该教学模式，一方面，可提高理论教师的实践能力和实训教师的理论水平；另一方面，教师将理论知识融于实践教学中，让学生在学中做、做中学，在学做中理解理论知识、掌握技能，打破教师和学生的界限（教师就在学生中间，就在学生身边），能大大激发学生的学习热忱，增强学生的学习兴趣，学生边学边练边积极总结，能达到事半功倍的教学效果。

基于理实一体式的微课教学设计注重讲授与演示，练习环节要结合学生所学专业的情况而定。

4.5.2 理实一体式微课教学设计模式

理实一体式微课教学设计如图 4-9 所示。

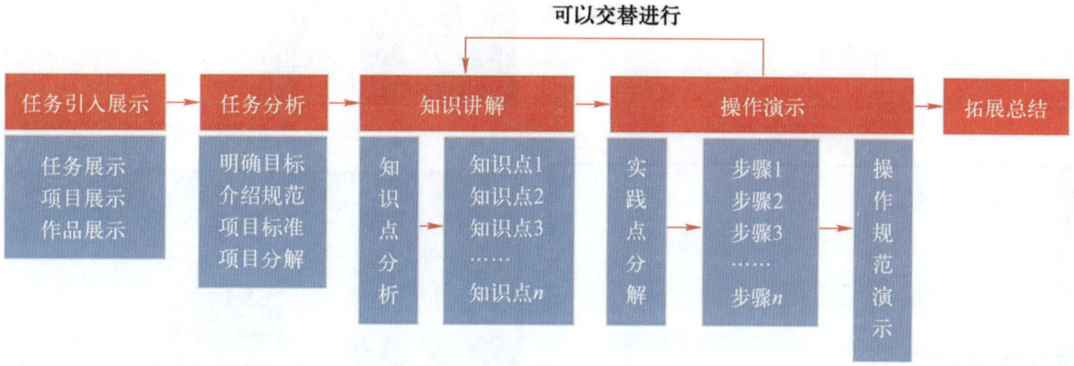

图4-9 理实一体式微课教学设计示意图

理实一体式微课突破理论与实践相脱节的现象，教学环节相对集中。在整个教学过程中，理论和实践交替进行，直观和抽象交错出现，没有固定的先实后理或先理后实，而理中有实，实中有理。

如果实训项目过大时，建议开发系列微课或者专题微课，实训类微课可以加强知识的联系与应用，也可以结合抛锚式或者探究式使用。理实一体式系列微课教学设计如图 4-10 所示。

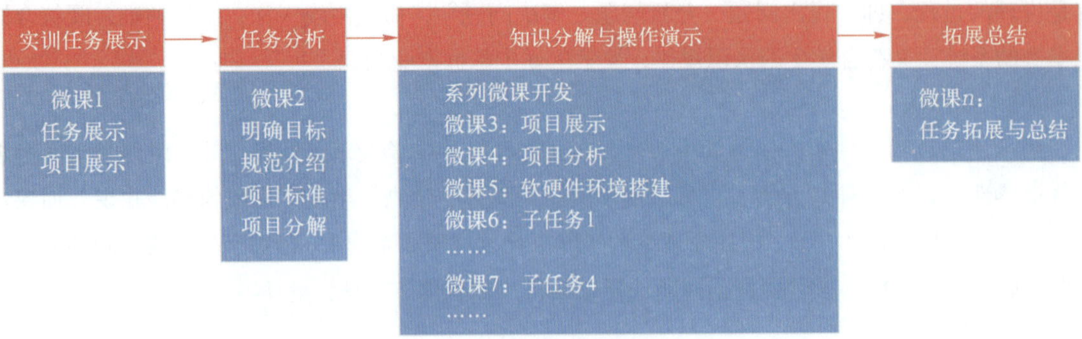

图4-10　理实一体式系列微课教学设计示意图

4.5.3　理实一体式微课的适用场合

职业教育的特点是以学生的生活、生存技能的培养为根本目的，更多强调实践技能的训练。理实一体式微课适合职业教育电子类、电气类、机械类、汽车维修类、计算机类、机电一体化、经管类实训、物流类等众多实践性较强的专业使用，也非常适合开发系列化的专题微课。它不仅能将现场操作演示、虚拟展示、桌面操作过程等记录下来，同时也便于模仿与推广。

4.5.4　经管类实训案例展示

1．微课作品展示

本例是枣庄科技职业学院陈光圆老师的微课作品《现金提取业务办理》，如图 4-11 所示。

(a) 微课封面

(b) 问题引入情境-李红上班记

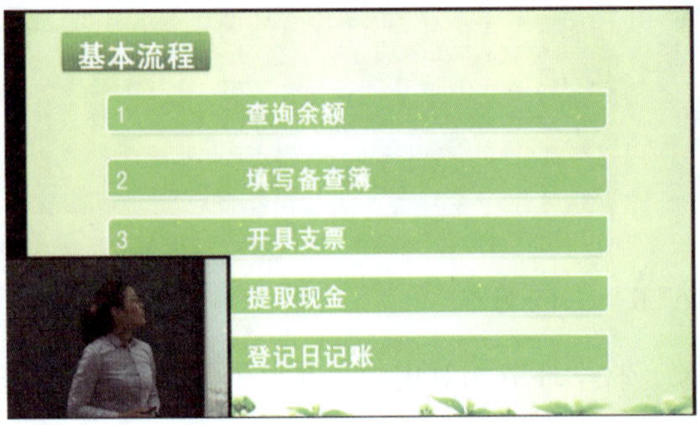

(c) 基本流程

(d) 布置角色及任务

图4-11　微课作品《现金提取业务办理》界面

(e) 情境展示

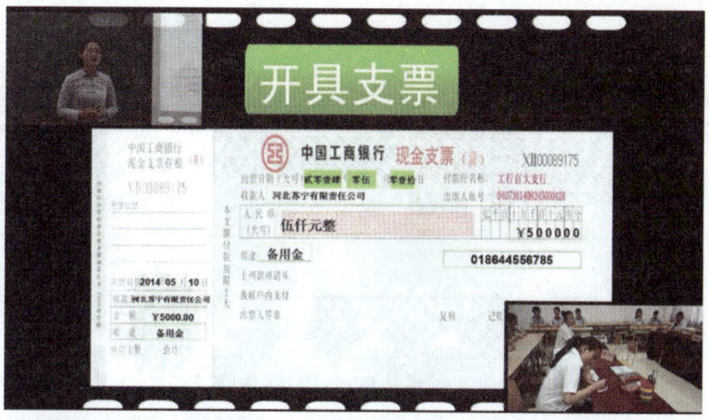

(f) 现金支票出票日期的填写规范与要求

(g) 点评总结

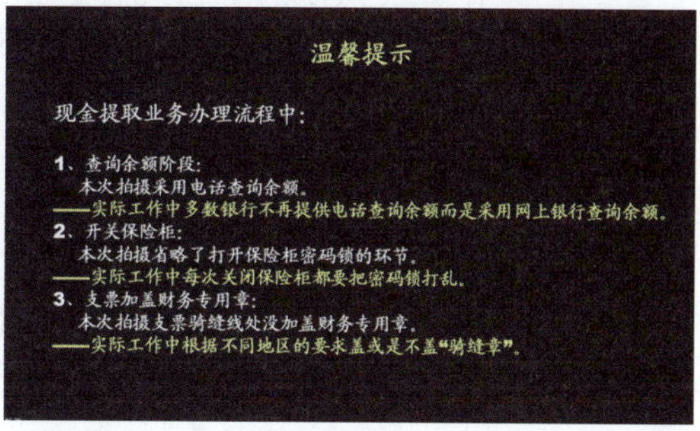

(h) 温馨提示

图4-11 微课作品《现金提取业务办理》界面（续）

2. 微课教学设计展示

微课作品《现金提取业务办理》的教学设计见表 4-5。

表 4-5 微课作品《现金提取业务办理》的教学设计

微课标题	现金提取业务办理	所属课程	出纳实务
所属专业	会计电算化	适用对象	大三学生
所属专业大类	财务会计类	所属专业类	会计电算化
授课教师	陈光圆	所属单位	枣庄科技职业学院
教学背景	**课程情况背景：** 职业教育是以就业为导向，以培养学生的专业技能为教学重点。通过多年的教学实践和社会调查发现，会计专业毕业的学生理论知识扎实，但是实践技能缺乏，导致刚开始踏上工作岗位时经常犯低级错误。因此，教师在日常教学中不仅要依靠理论教学，而且还要依靠实训教学 “出纳实务”是一门实操性很强的课程。我在教学过程中重视学生的主动参与性和学生的个体独立性。本节课主要是在学生全面了解、掌握了出纳现金提取业务处理理论知识的基础上，通过创设岗位情景实验模式，让学生置于具体的岗位情境中，可以使学生身临其境，通过自己的亲身体会来感受职业氛围，提高职业技能 **学生情况背景：** 财经专业三年级的学生，虽然有较扎实的会计专业理论知识，但对于出纳岗位具体的日常业务没有感性认识，这对于学生即将就业走上财务岗位是非常不利的。针对学生这方面的薄弱环节，在设计本节课的教学时，更注重实操技能方面的教学		
教学思想与教学设计思路	本节课通过创设情境提出问题，以“李红上班记”抛出问题进行“现金提取业务办理”引入，设置 5 个岗位并明确其岗位任务，边模拟场景边进行知识讲解，在场景再现中教与学		
教学目标	**知识目标：**明确现金提取业务办理的流程，掌握现金提取业务流程的要点 **能力目标：**能进行业务分析，能进行职业判断，会实务操作 **德育目标：**培养严谨务实的职业素养		

续表

<table>
<tr><td>微课标题</td><td>现金提取业务办理</td><td>所属课程</td><td>出纳实务</td></tr>
<tr><td>教学重点 / 难点</td><td colspan="3">重点：现金提取业务办理的基本流程与规范
难点：现金支票出票日期的填写规范与要求</td></tr>
<tr><td colspan="4">教学设计</td></tr>
<tr><td>教学环节</td><td colspan="2">教学内容</td><td>时间分配</td></tr>
<tr><td>1. 导入新课</td><td colspan="2">现金提取业务是出纳人员的一项日常性业务，它的正确办理关系到企业的资金安全。为了让同学们更形象地学习该业务的办理，本节课让同学分角色模拟该业务的办理流程
设计目的：情境带入，明确现金提取业务的重要性，提前明确本节课的任务，让学生带着任务进行学习，有的放失
教学方法：讲授法</td><td>30 ～ 40 秒</td></tr>
<tr><td>2. 创设情境</td><td colspan="2">某公司是一家大型商业企业，由于公司发展需要招聘一批新员工，其中就有出纳岗位
李红觉得这家公司还不错，并且自己也符合条件，报名参加面试。经过重重考核，最终拿下心仪岗位。接下来发生的是李红第一天上班的经历。
李红的直接领导——财务经理赵秀让她去银行提取 5000 元现金。

设计目的：学习是学生自身内在的活动，需要外在教学手段的诱发。以多媒体课件展示“怀才小子”求职的经过，从而使学生产生学习兴趣，激发学生的求知欲望，进而明确学习内容，有利于导入本节课
教学方法：讲授法、演示法
教学资源：多媒体课件</td><td>1 分钟</td></tr>
<tr><td>3. 任务驱动</td><td colspan="2">（1）提示现金提取业务流程

</td><td>1 分钟</td></tr>
</table>

续表

教学设计		
教学环节	教学内容	时间分配
3. 任务驱动	（2）布置角色及任务  **设计目的：** 让学生在正确把握理论知识的前提下进行下一环节的岗位模拟，能让学生更形象地学习各会计岗位的职责并起到锻炼学生自我表达能力的作用 **教学方法：** 任务驱动 **教学资源：** 多媒体课件	1 分钟
4. 情境展示	由学生来模拟现金提取业务办理的完整流程  教师讲解现金支票出票日期的填写规范与要求 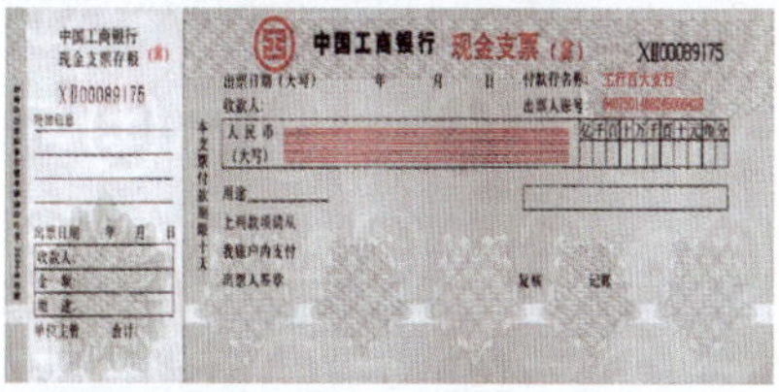 **设计目的：** 在岗位模拟过程中，尽可能使用出纳工作中的真实道具，让学生在人、物、景高度逼真的情境中去学习这笔业务的办理，能起到更好掌握这笔业务办理流程的作用 **教学方法：** 角色扮演	10 分钟
5. 点评总结	**活动总结：** 教师总评学生的岗位模拟情况 **知识总结：** 作为一名合格的出纳人员，不仅要有熟练的专业技能，还应具备较强的安全意识和严谨细致的工作作风 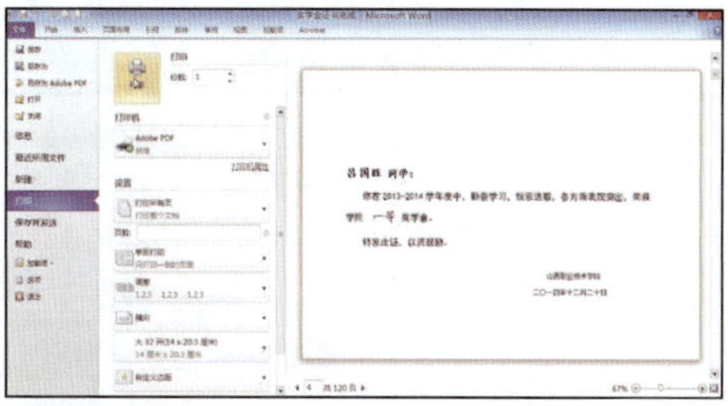	1 分钟

续表

教学过程设计		
教学环节	教学内容	时间分配
5. 点评总结	**设计目的：** 通过总结把学生对现金提取业务流程的认识迁移到实际工作过程中，用于指导实际出纳工作。学生观看完同学们的岗位模拟后，指出作为合格出纳人员应具备的素质，让学生从理论到实践再到理论，最后升华到会计职业能力的培养 **教学方法：** 讲授法	

4.5.5 计算机类案例展示

1. 微课作品展示

本例是山西职业技术学院郝瑞娥老师的微课作品《邮件合并》，如图 4-12 所示。

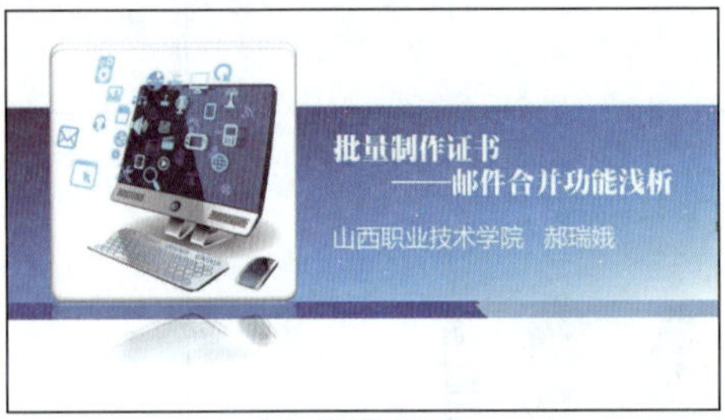

(a) 微课封面

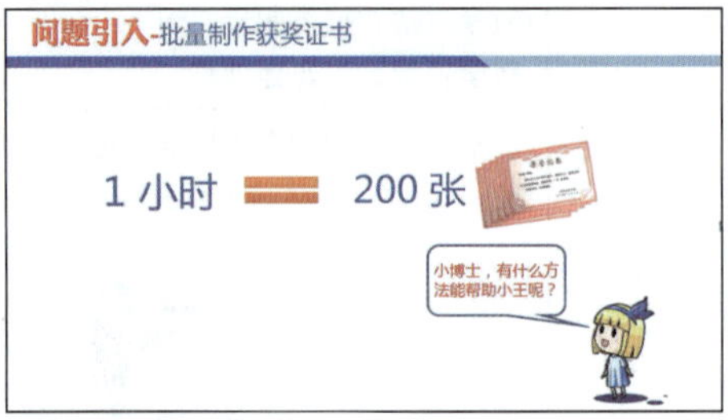

(b) 问题引入

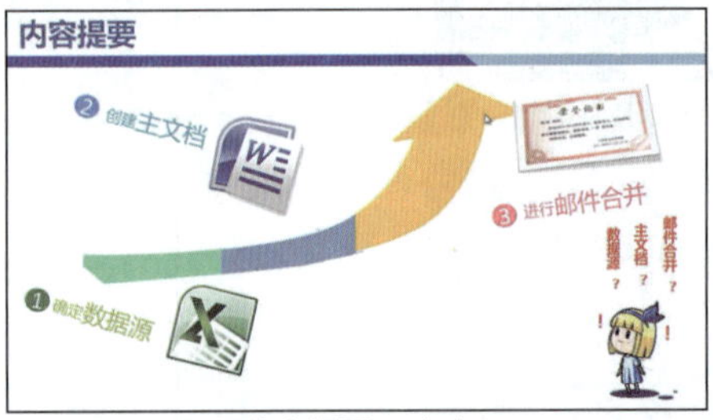

(c) 内容提要三步走

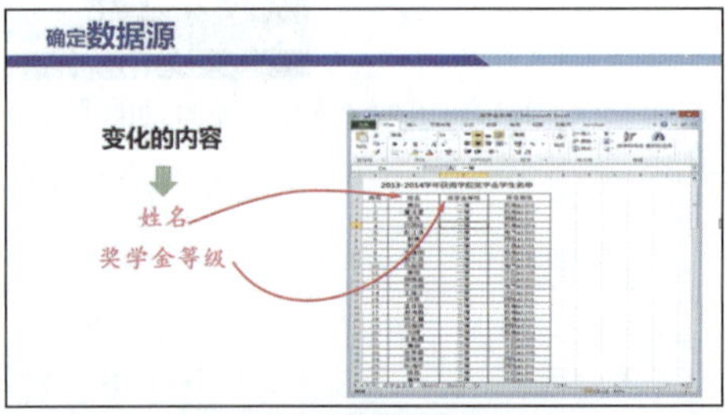

(d) 确定数据源

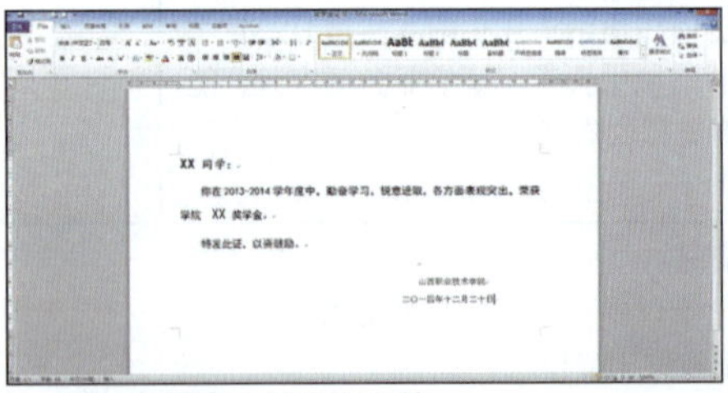

(e) 实操演示创建主文档

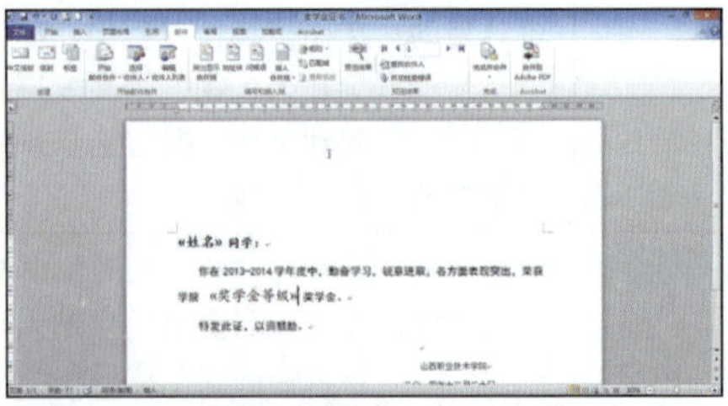

(f) 实操演示邮件合并

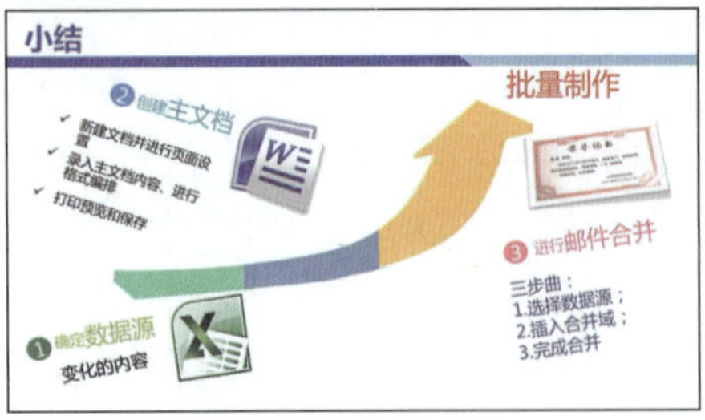

(g) 微课小结

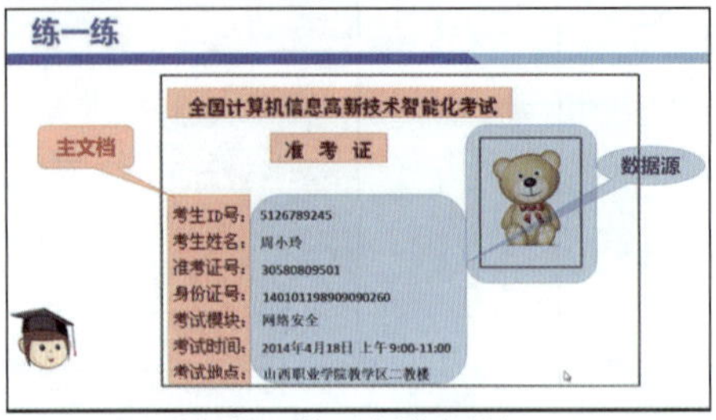

(h) 练一练（实践考核）

图4-12 微课作品《邮件合并》界面

2. 微课教学设计展示

微课作品《邮件合并》的教学设计见表 4-6。

表 4-6 微课作品《邮件合并》的教学过程设计

微课标题	邮件合并	所属课程	计算机应用基础
所属专业	计算机应用	适用对象	全院学生
所属专业大类	电子信息	所属专业类	计算机应用
授课教师	郝瑞娥	所属单位	山西职业技术学院
教学背景	**课程情况背景：** 本课是根据“计算机应用基础”课程中 “Microsoft Word 2010 文档处理”部分的邮件合并功能而设计的一节课。本课是这个单元整体教学过程中的重要环节，根据“如何快速地批量制作获奖证书”这一问题展开体验与思考。本节内容贴近学生日常生活，学习起来也比较轻松、容易。本课教学内容围绕实际工作中遇到的问题展开，易于学生理解，吸引了学生的学习兴趣，激发了他们的学习热情。在学习活动中，不仅让学生掌握邮件合并的操作技能，重点是培养学生运用所学的计算机知识，提高工作效率的方法，能够将课堂学习的知识与实际工作相结合，增强了学习的兴趣 **学生情况背景：** “计算机应用基础”是一门操作性强、强调动手能力的课程。在前期的学习中，学生对课程比较感兴趣，接受能力力强，但由于他们已经具有一定的计算机应用能力，对基础的操作和应用已经掌握，所以不喜欢传统的按章节授课的方式。因此，需要设置与他们的学习及今后的工作岗位相关的情境和案例，将知识融入到生动有趣的案例中传授，在解决难题的同时让学生学得轻松，掌握得牢固		
教学思想与教学设计思路	本节课通过创设情境提出问题，使学生思考如何利用计算机快速而高效地批量制作奖学金证书，引导学生对奖学金证书的内容进行对比，将证书内容分为共同的重复性内容和变化的内容，进而确定主文档的内容。然后利用之前所学的知识制作主文档，最后通过实际操作完成邮件合并的三步骤 在最后的小结中，引出邮件合并的概念和含义，突出本节课的学习重点和难点，延伸邮件合并的应用领域，使学生通过举一反三来拓展和巩固本节课的内容		
教学目标	使学生了解邮件合并的作用和使用情况 使学生掌握“主文档”“数据源”“合并文件”三者之间的关系 掌握邮件合并的方法及步骤		
教学重点 / 难点	**重点：**合理运用“邮件”选项卡中的命令完成邮件合并的三步操作 **难点：**邮件合并中数据源的正确调用及插入合并域		

教学设计		
教学环节	教学内容	时间分配
1. 动画场景	 **设计目的：**引出邮件合并的意义 **教学方法：**引导法 **教学资源：**动画演示	50 秒

续表

教学设计		
教学环节	教学内容	时间分配
2. 根据目标分解任务	**设计目的：** 任务分解邮件合并解决问题时分为三步 **教学方法：** 讲授法 **教学资源：** PPT	30 秒
3. 步骤 1：确定数据源	 **设计目的：** 如何确定数据源 **教学方法：** 讲授法、演示法 **教学资源：** PPT	1 分钟
4. 步骤 2：主文档的创建	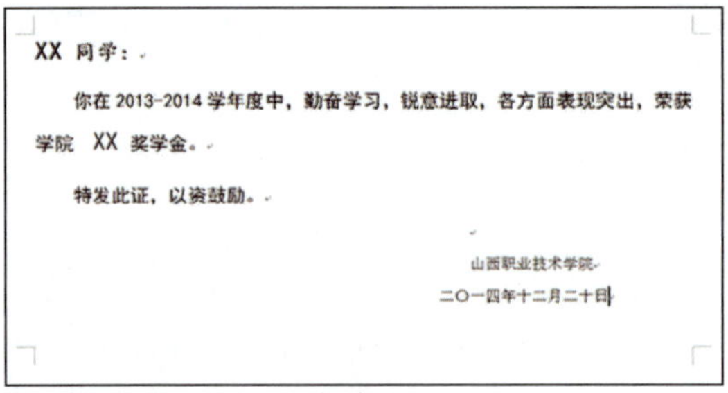 XX 同学： 你在 2013-2014 学年度中，勤奋学习，锐意进取，各方面表现突出，荣获学院 XX 奖学金。 特发此证，以资鼓励。 山西职业技术学院 二〇一四年十二月二十日 **设计目的：** 分析与演示主文档的创建过程 **教学方法：** 讲授法、演示法 **教学资源：** PPT	2 分钟
5. 步骤 3：邮件合并的方法	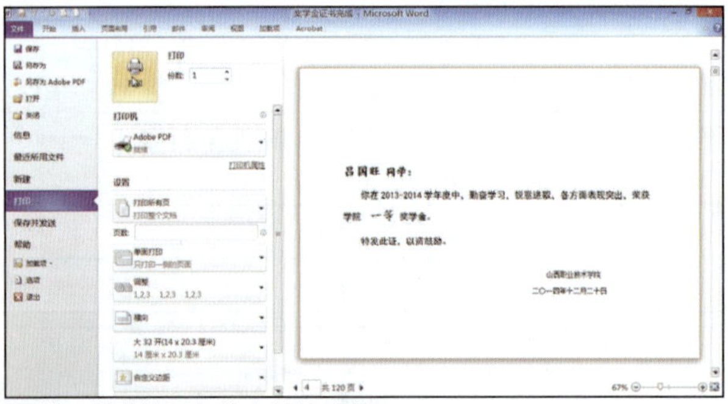 **设计目的：** 操作演示邮件合并的过程 **教学方法：** 讲授法、演示法 **教学资源：** 演示视频	3 分钟
6. 微课总结	**设计目的：** 引出邮件合并的概念和含义，突出本节课的学习重点和难点，延伸邮件合并的应用领域，使学生通过举一反三来拓展和巩固本节课的内容 **教学方法：** 讲授法、演示法 **教学资源：** PPT	40 秒

续表

<table>
<tr><th colspan="3">教学设计</th></tr>
<tr><th>教学环节</th><th>教学内容</th><th>时间分配</th></tr>
<tr><td>7. 拓展练习</td><td>设计目的：测试学生的学习效果
教学方法：讲授法、演示法
教学资源：PPT</td><td>30 秒</td></tr>
<tr><th colspan="3">教学详案</th></tr>
<tr><td colspan="3">步骤 1：通过动画引出主题，激发兴趣
设计意图：通过动画演示引出主题，激发学生的学习兴趣
步骤 2：确定数据源和主文档内容
设计意图：通过观察与比较，引导学生对奖学金证书的内容进行分析，找出证书内容中共有的重复性内容和变化的内容，观察变化的部分在 Excel 文件中能否找到对应的数据，如果不能，则需要根据变化的内容创建 Excel 文件（数据源），如果能找到对应内容，则用 XX 代码取代证书内容中变化的部分，将证书内容进行演变，由此确定主文档的内容
步骤 3：创建主文档
设计意图：根据实际情况，测量奖学金证书的大小及页边距，以此在 Word 中新建相应的文档，运用之前所学的字符及段落的格式设置方法对上一步骤中确定的主文档内容进行编排，可根据“打印预览”和“打印”功能对版面内容进行微调，以达到理想的排版效果
步骤 4：邮件合并的方法
设计意图：在前期工作的基础上，进行本课最重要的知识点学习。只需三步即可完成：第 1 步，选择数据源；第 2 步，插入合并域；第 3 步，完成合并
步骤 5：小结及思考
设计意图：引出邮件合并的概念和含义，突出本节课的学习重点和难点，延伸邮件合并的应用领域，使学生通过举一反三来拓展和巩固本节课的内容</td></tr>
</table>

Chapter 5

获奖微课教学设计案例赏析

5.1 冒泡排序法

5.1.1 微课展示

本例是淮安信息职业技术学院李刚老师制作的微课《冒泡排序法》（第二届全国高校微课教学比赛（高职高专组）一等奖作品），如图 5-1 所示。

微课视频浏览网址 http://210.29.224.35/wk/1.html。

(a) 微课封面

(b) 条码扫描 在线预览

图5-1 微课作品《冒泡排序法》界面

微课视频以及教学设计在素材文件夹中也可以浏览。

5.1.2 专家评价

决赛评审专家 1 评价：微课资料完整，选题具有代表性，教学目标明确，教学设计思路清晰，动画运用恰当，教学效果较好。部分画面文字太小，画面不清晰，不利于视频学习。但总体来讲本作品问题聚集，主题突出，强调解决重难点问题，突出了微课以学生为中心、以教学应用为目的的思想。

决赛评审专家 2 评价：资料齐全，教学设计合理；结合动画，将枯燥的内容形象化，便于理解；在实例的基础上，寻找规律，提出算法，循序渐进，效果高；讲解清楚，视频制作质量好。

决赛评审专家 3 评价：微课提供资料完整，将碎片化的图片动画资源嵌入到教学课件中，将枯燥、乏味的抽象知识变得形象化，微课制作采用画中画模式，非常适合计算机类语言课程知识讲解，微课视频清晰、声音清楚、重点环节配有字幕，微课选题恰当，内容深入浅出、形象生动、通俗易懂，有效促进了学生专业学习和知识运用，教学设计思路清晰，时间把控到位，通过实例教学法解决重难点知识，也延伸了课堂，语言表达和教师仪表达到最佳状态，能够营造学生积极主动的学习氛围。

决赛评审专家 4 评价：材料完整，选题较好；目标明确，讲解清晰，动画演示效果好，视频制作质量较高。

决赛评审专家 5 评价：教学设计合理，教学方法恰当，直观易懂的动画演示能很好地帮助学生轻松掌握抽象、枯燥的原理，教学课件制作精细，层次清晰，教师教学深入浅出，语言流畅，教态自然，是一节很好的微课。

5.1.3 思维导图设计

《冒泡排序法》微课教学设计思维导图如图 5-2 所示。

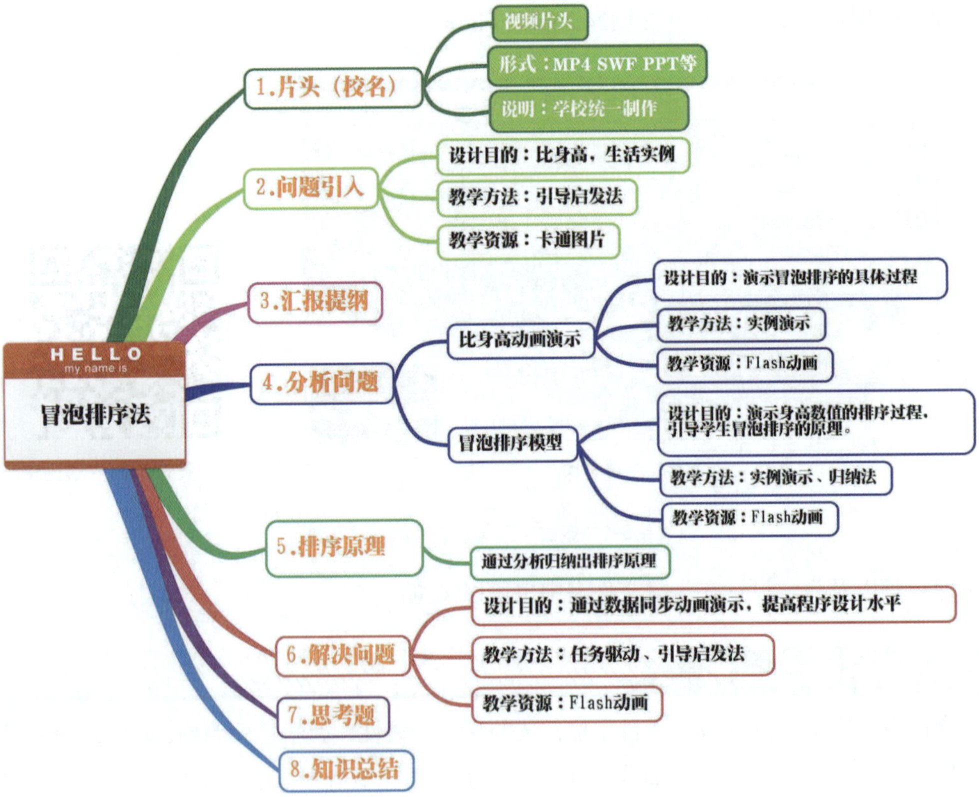

图5-2 《冒泡排序法》微课教学设计思维导图

5.1.4 教学设计

《冒泡排序法》微课的教学设计见表 5-1。

表 5-1 《冒泡排序法》微课的教学设计

<table>
<tr><th>微课标题</th><th>冒泡排序法</th><th>所属课程</th><th>数据结构</th></tr>
<tr><td>所属专业</td><td>软件技术</td><td>适用对象</td><td>软件技术专业二年级学生</td></tr>
<tr><td>所属专业大类</td><td>信息大类</td><td>所属专业类</td><td>计算机类</td></tr>
<tr><td>授课教师</td><td>李刚</td><td>所属学校</td><td>淮安信息职业技术学院</td></tr>
<tr><td>教学思想与教学设计思路</td><td colspan="3">冒泡排序的实现是本章的一个教学重点，也是教学难点，如何设计教学过程，使学生通过本堂课的学习掌握其程序的代码实现，并从中领悟出程序设计的基本方法和步骤，是在教学设计时重点思考的内容。教学设计上采用引导启发法、任务驱动法等教学方法授课，通过实例动画演示让学生轻松掌握冒泡排序的原理，通过代码单步执行、知识描述、数据变化同步动画演示让学生更好掌握冒泡排序的算法设计</td></tr>
<tr><td>教学背景</td><td colspan="3">《数据结构》是软件技术专业二年级学生的专业基础课，冒泡排序法是数据结构课程中重要的知识点，软件开发、计算机应用等领域应用多、范围广，学习该内容之前，学生已经学习了程序设计的三种结构，也用 C 语言实现过若干应用程序，并较好地掌握函数、数组、if 语句和 for 语句循环嵌套等知识</td></tr>
<tr><td>教学目标</td><td colspan="3">知识目标：掌握冒泡排序的原理及冒泡排序的算法设计
能力目标：利用 C 语言实现冒泡排序的算法设计及算法优化
态度目标：培养学生逻辑思维和主动分析解决问题的能力</td></tr>
<tr><td>教学重点 / 难点</td><td colspan="3">教学重点：冒泡排序的原理
教学难点：冒泡排序的 C 语言程序实现</td></tr>
<tr><td colspan="4">教学过程设计</td></tr>
<tr><td>教学环节</td><td colspan="2">教学内容</td><td>时间分配</td></tr>
<tr><td>1. 问题引入</td><td colspan="2">
设计目的：通过生活实例进行问题引入，吸引学生注意力
教学方法：引导启发法
教学资源：卡通图片</td><td>1 分钟</td></tr>
<tr><td>2. 新课提纲</td><td colspan="2">冒泡排序的动画演示
冒泡排序的原理
冒泡排序的算法设计</td><td>30 秒</td></tr>
</table>

续表

<table>
<tr><th colspan="3">教学过程设计</th></tr>
<tr><th>教学环节</th><th>教学内容</th><th>时间分配</th></tr>
<tr><td>3. 分析问题</td><td>**设计目的：**让学生通过实例动画演示，清楚地了解冒泡排序的具体实现过程
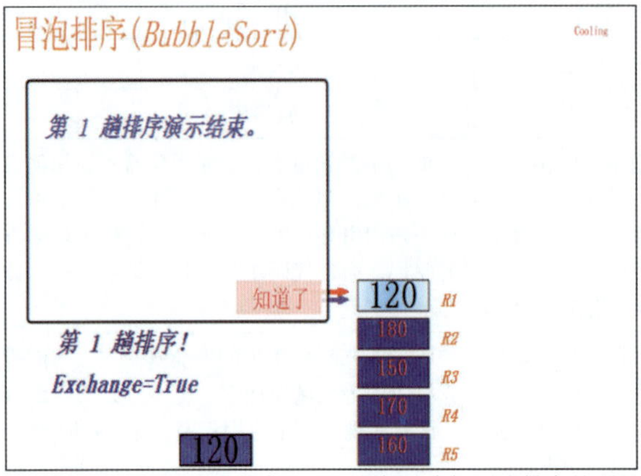

设计目的：让学生通过数据的排序过程，更好地掌握冒泡排序的原理
教学方法：实例演示、归纳法
教学资源：Flash 动画</td><td>4 分钟</td></tr>
<tr><td>4. 排序原理</td><td>每两个相邻的数据进行比较，前一个数据大于后一个就进行交换，否则不交换，5 个数据比较 4 轮排序成功</td><td>1 分钟</td></tr>
<tr><td>5. 解决问题</td><td>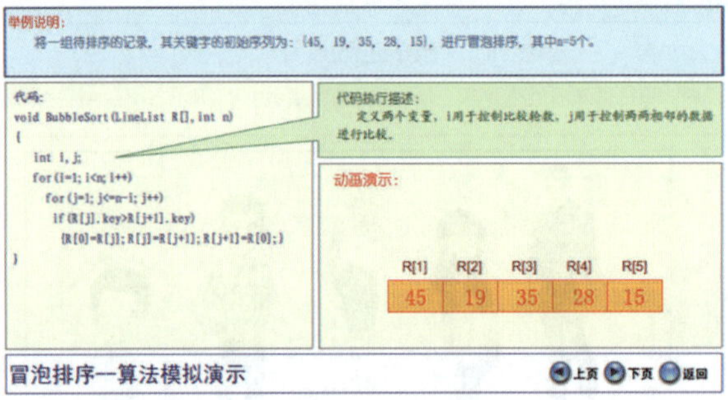

设计目的：通过算法设计步骤、算法改进及代码、描述、数据同步动画演示，让学生掌握代码的编写方法，提高程序设计水平
教学方法：任务驱动、引导启发法
教学资源：Flash 动画</td><td>5 分钟</td></tr>
<tr><td>6. 思考题</td><td>**如何采用每一轮比较寻找最小值的方法实现冒泡排序的算法设计？**
教学方法：设问法
教学资源：幻灯片</td><td>10 ～ 15 秒</td></tr>
<tr><td>7. 知识总结</td><td>冒泡排序的原理
冒泡排序的算法设计
冒泡排序的知识拓展</td><td>10 ～ 20 秒</td></tr>
</table>

5.1.5 开发方式

本微课主要采用基于 PPT 录屏式微课，同时录制教师讲课的画面实现了画中画式的录屏形式，示意图如图 5-3 所示。

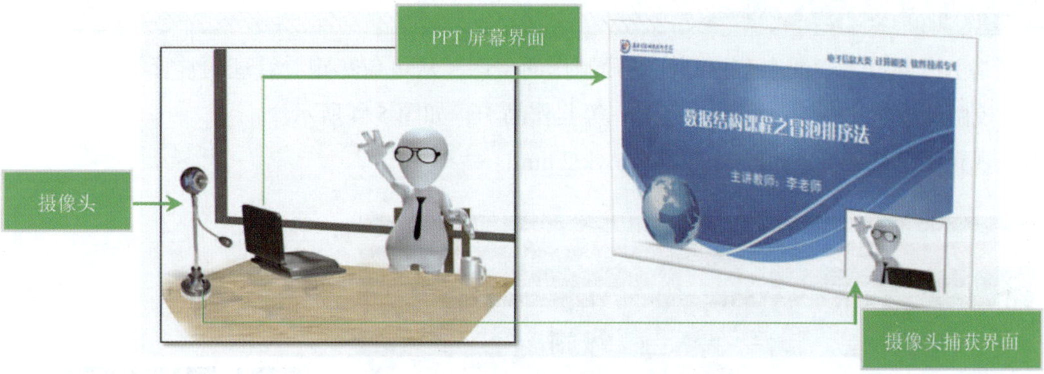

图5-3 画中画屏幕录制示意图

本微课录制采用分辨率为 1280×720 像素，即 16:9 比例录制。

5.1.6 作者感悟

“我爸是李刚”那是前几年网络上比较火的那个“李刚”，而我是全国微课教学比赛荣获一等奖的李刚，这让我更加自信，让我更加坚定我的职业就是我的事业。

整个比赛阶段，我觉得幸运而又艰辛。幸运的是我层层递进，先后获得院一等奖、省一等奖、全国一等奖，艰辛的是从教学选题、教学设计到视频录制、视频编辑的精心准备，教学过程细化到每一分每一秒，反复练习上百次。整整一年的励练，一丝丝，一点点，一辈子刻骨铭心。

一路走过来，有很多很多的感悟。同事说我成熟了；父母说我清醒了；朋友说我进步了。不管是怎样的一个评价，我都用最平和、最淡然的心态去面对，因为我全力以赴了，因为我没有留下遗憾。可以说，比赛锻炼了我，比赛让我成长了，比赛让我收获了自信。

以下是我参加比赛的几点感悟。

① 珍惜时间、不怕吃苦。我周末和节假日基本不休息，保证微课设计的时间，周末单位人少，安静，适合微课视频录制，还要多练习，几十次甚至上百次，保证教学仪态的最佳状态。

② 积极上进、勇于探索。我是零起点，PPT 使用技巧、Flash 动画制作和视频软件处理都是摸索着学习，不能都指望着别人，一定要亲力亲为，达到学以致用，加上专家指导，才能让自己的微课作品更加完善，乃至完美。

③ 参加培训、虚心请教。我参加了多媒体课件设计培训、微课设计与开发培训，从几次培训中，我掌握了什么是微课、如何进行教学设计、如何开发和设计微课等。

④ 引领微课、构建系列微课。微课比赛是为了引领微课的发展，而最终的目的是要推广、构建系列微课，真正用于教学，实现翻转课堂，提升教学效果。

此时此刻，我还想感谢我的爱妻、学校微课指导团队的细心指导和技术支持，帮我出谋划策，我的成绩是团队集体力量的成果!

5.2 从龟兔赛跑看管理的常管常新

5.2.1 微课展示

本例是上海开放大学浦东东校颜江老师制作的微课《从龟兔赛跑看管理的常管常新》（第二届全国高校微课教学比赛（高职高专组）一等奖作品），如图 5-4 所示。

微课视频浏览网址 http://210.29.224.35/wk/2.html。

(a) 微课封面

(b) 条码扫描 在线预览

图5-4 微课作品《从龟兔赛跑看管理的常管常新》界面

微课视频以及教学设计在素材文件夹中也可以浏览。

5.2.2 专家评价

决赛评审专家 1 评价：作品规范，材料完整，具有创新的微课设计模式，建议有少量的教师画面。

决赛评审专家 2 评价：不拘泥于传统教学模式，体现了趣味性和启发性，若教师出现在视频中可进一步提升教学效果。

决赛评审专家 3 评价：取材合理，设计独特，讲解清晰，通俗易懂，教学效果很好。

决赛评审专家 4 评价：该课程的整个教学过程未见老师也未见学生，突破了传统的教学模式，以动画和讲寓言故事的形式完成教学，趣味性和启发性体现较充分。

5.2.3 思维导图设计

《从龟兔赛跑看管理的常管常新》教学设计思维导图如图 5-5 所示。

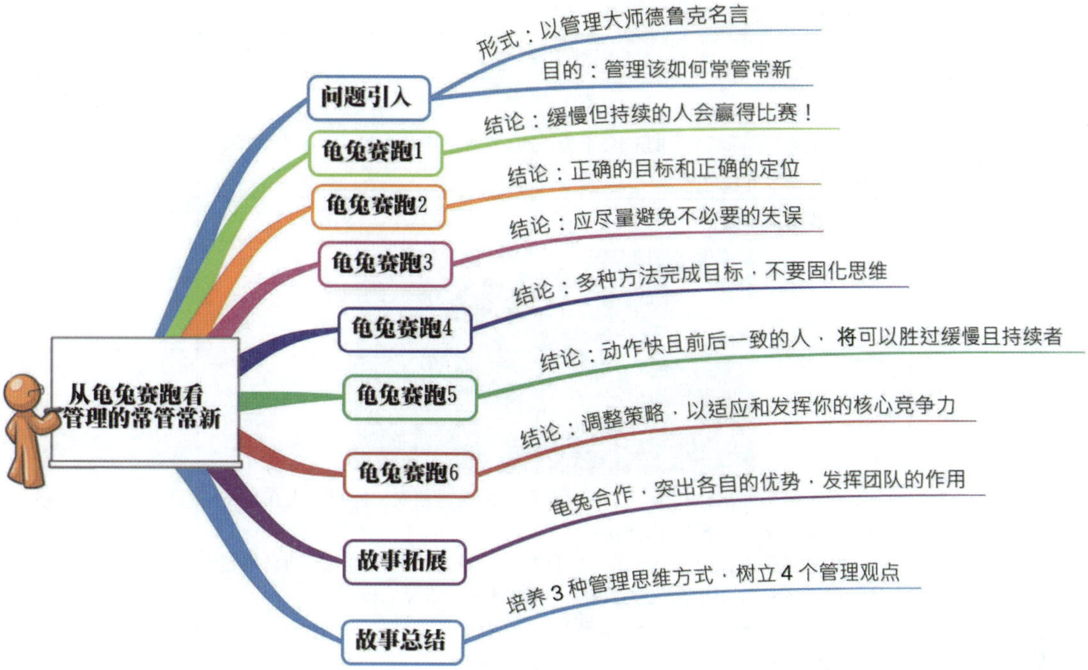

图5-5 微课《从龟兔赛跑看管理的常管常新》教学设计思维导图

5.2.4 教学设计

《从龟兔赛跑看管理的常管常新》微课的教学设计见表5-2。

表5-2 《从龟兔赛跑看管理的常管常新》微课的教学设计

微课标题	从龟兔赛跑看管理的常管常新	所属课程	管理学基础
所属专业	工商管理	适用对象	大一学生
所属专业大类	工商管理	所属专业类	工商管理
授课教师	颜江	所属学校	上海开放大学浦东东校
教学思想与教学设计思路	**内容：**以管理大师德鲁克名言 “管理不在于知，而在于行”引出微课主题“为适应日新月异的社会发展，管理上要‘常管常新’”；以6个回合的龟兔赛跑故事，形象生动说明管理该如何常管常新。要树立正确的目标、要留意过程的发展；不要拘泥于固有模式去完成目标；充分发挥团队的核心竞争力等；以龟兔赛跑寓言故事的总结指出管理常管常新应树立的管理理念和培养的管理思维方式 **呈现方式：**不拘泥于传统的教学模式，以动画和管理寓言故事这种新颖的形式，体现趣味性和启发性，让学习更轻松，更有效！		
教学背景	**选题：**以管理类专业的骨干课程《管理学基础》中的“管理的艺术性”这一知识点为基础，因为管理的艺术性是管理的本质和精髓，并提炼出微课的主题——管理要常管常新，引发学习者的思考：管理如何做到常管常新？		
教学目标	管理要常管常新，引发学习者的思考：管理如何做到常管常新？		
教学重点/难点	**教学重点：**管理如何做到常管常新？ **教学难点：**管理如何做到常管常新？		

续表

<table>
<tr><th colspan="3">教学设计</th></tr>
<tr><th>教学环节</th><th>教学内容</th><th>时间分配</th></tr>
<tr><td>1. 问题引入</td><td>道虽迩，不行不至；事虽小，不为不成。管理不在于“知”，而在于“行”，点出 “管理要常管常新”</td><td>40 ～ 50 秒</td></tr>
<tr><td>2. 知识讲解</td><td>

①龟兔赛跑第 1 回合

兔子带头冲出，狂奔了一阵，眼看它已遥遥领先，便想：先在树下坐一会儿，放松一下再跑不迟。

兔子很快地在树下就睡着了，这时，一路上笨手笨脚走来的乌龟超过了它，并率先到达终点。 等兔子一觉醒来，才发觉它输了。

启示：缓慢但持续的人会赢得比赛！

②龟兔赛跑第 2 回合

比赛又开始了，这次兔子像箭似地射了出去，远远地超过了乌龟。它一边跑一边提醒自己不能睡觉。很快便跑到山头，心想：这次肯定赢定了。

过了很长很长时间，兔子突然发现乌龟居然在对面山头的红旗处向他招手。兔子顿时明白它又输了，终点是对面的山头。

启示：没有锁定正确的目标和正确的定位，实则是南辕北辙！

③龟兔赛跑第 3 回合

兔子已经失败两次了，不过它总结原因，决定再赛。心里想着：这次不能再输了：“红旗，终点；终点，红旗！”它在心里默念，眼睛牢牢盯着红旗，朝终点拼命跑去。

跑着跑着，突然扑通一声，兔子掉进了河里。河水很深，兔子挣扎了半天才上岸。等它赶到终点，不用说，乌龟又早等在那了 。

“哎！我这次眼睛只盯着目标，没有注意周围的情况，又输了！”

启示：确定正确的目标很重要，最后结果也重要，但留意过程的发展同样重要，应尽量避免不必要的失误。

</td><td>3 ～ 4 分钟</td></tr>
</table>

续表

<table>
<tr><th colspan="3">教学设计</th></tr>
<tr><th>教学环节</th><th>教学内容</th><th>时间分配</th></tr>
<tr><td>2. 知识讲解</td><td>

④龟兔赛跑第 4 回合
经过三次失败，兔子发誓不胜乌龟不罢休。
比赛又开始了，兔子跑啊跑，它没有睡觉，一边跑一边不时望着山头的红旗，同时还特别留意路上的障碍。
可就在兔子以最快的速度跑到终点时，它傻眼了，乌龟又到了。乌龟笑着对大惑不解的兔子说：“我是开车来的，时代不同了，咱也得改进了嘛！”兔子听了顿时晕倒。
启示：目标是一个，但完成的方法却未必只有一个，永远都不要拘泥于固有的模式中。
⑤龟兔赛跑第 5 回合

兔子心有未甘，虽然连续输了 4 次，但却并不气馁，它吸取教训、总结经验，与乌龟相约，不借助其他工具，再赛一回！
这次，由于兔子事先做足了缺失预防工作，终于守得云开见月明，取得了胜利。
启示：动作快且前后一致的人，将可以胜过缓慢且持续者。
⑥龟兔赛跑第 6 回合

这下轮到乌龟反省了，它清楚：照目前的情况来看，它不太可能击败兔子。所以，得想个办法……
</td><td>3 分钟</td></tr>
</table>

续表

<table>
<tr><th colspan="3">教学设计</th></tr>
<tr><th>教学环节</th><th>教学内容</th><th>时间分配</th></tr>
<tr><td>2. 知识讲解</td><td>单挑！乌龟终于想到方法，它要求改变路线，兔子欣然同意。他们同时出发，兔子飞驰而出，朝着目标极速奔跑，直到碰到一条宽阔的河流。而比赛的终点就在几公里外的河对面。兔子呆坐在那里，不知该怎么办了。而这时候，只见乌龟一路蹒跚而来，撩入河里，游到对岸，继续爬行，先完成了比赛。
启示：首先，辨识出你的核心竞争力；然后调整策略，改变游戏规则，以适应和发挥你的核心竞争力。
⑦龟兔赛跑第 7 回合

这下子，兔子和乌龟成了惺惺相惜的好朋友，他们决定向之前的记录挑战。
这次是龟兔合作，它们一起出发，先由兔子扛着乌龟到河边，再由乌龟驮着兔子过河，到了河对岸，兔子再扛着乌龟，直至终点。
显然，这次刷新了之前的成绩，所以比起前次，它们都感到一种更大的成就感。
启示：个人工作出色、有很强核心竞争力是好事，但除非你能在一个团队中工作，并运用好每个人的核心竞争力，否则你常会发现心有余而力不足，因为有时候你的弱项正是别人的长项。</td><td>1 分钟</td></tr>
<tr><td>3. 教学总结</td><td>培养 3 种管理思维方式：
• 很难说——具体问题具体分析
• 统统摆平——“兼容并蓄”的工作思路
• 责任在我——认识自我、改变自我
树立 4 个管理观点：
• 以目标为中心
• 以人为本
• 随机应变
• 注重经济性</td><td>30 秒</td></tr>
<tr><td>4. 教师寄语</td><td>胸怀有多大，事业就有多大
——这就是格局决定结局。
眼界有多宽，事业就有多大
——这就是宽度决定高度。
意识有多新，事业就会有多大
——这就是性格决定命运。</td><td>30 秒</td></tr>
</table>

5.2.5 开发方式

本微课主要采用二维动画式，结合教学设计撰写脚本，然后绘制分镜与场景，具体开发过程如图 5-6 所示。

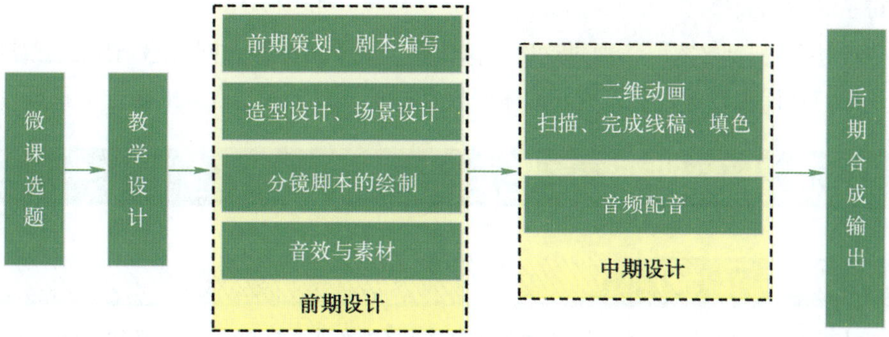

图 5-6 二维动画微课制作的流程

分镜设计见素材文件夹“龟兔赛跑分镜设计”。

5.2.6 作者感悟

识“微”见远，以“微”见著，是我的一点感悟，下面我将针对我对微课的理解与实践谈一谈我的一些想法。

首先，我认为，微课作为一种新型的教学资源，主要具有以下特点。

1. 精

短小精悍。本微课首先通过德鲁克的名言开门见山，点出“管理要常管常新”，然后通过龟兔赛跑的 6 个寓言故事层层深入将抽象的知识点一一展开，最后以总结收尾，整个主线清晰、简单明了，小步子，多节奏，以达到教学目标。

2. 深

以小见大，看到问题背后的问题。将理论暗含于故事中，故事的背后，是管理的艺术性，即在管理上要做到“三条”（具体问题具体分析；兼容并蓄的工作思路；认识自我，改变自我）“四点”（以目标为中心；以人为本；随机应变；注重经济性）。

3. 新

方式新颖；巧妙设悬，层层推进。著名诺贝尔奖得主西蒙曾指出：“随着信息的发展，有价值的不是信息，而是注意力。”龟兔赛跑精美的动画是破译学生学习注意力的“密码”，可以吸引学生的眼球，激发其学习兴趣。龟兔赛跑每个回合都令人意想不到：兔子因终点弄错而失利；因遇到河流屏障而失利；因乌龟以车代步而失利……，而最后又以龟兔合作创造了新记录，实现了双赢。每个回合都让学习者恍然大悟：要锁定正确的目标；留意过程的发展；不要拘泥于固有模式去完成目标；充分发挥团队的核心竞争力。

其次，我认为，以微课推进课程教学模式改革的深化。

微课植根于现实的土壤，与信息技术的发展、与人们生活方式和学习方式的变化密不可分，而微课的发展，必将改变教学理念与学习方式。

这次参赛的微课仅仅是《现代管理原理与实务》精品课程的其中部分内容，本着“精髓、求新、管用、好用”的原则，紧密结合微课这种新的教学模式，对课程资源进行精雕细琢，实现优质资源的集聚与整合，并进行了“翻转课堂、资源共享、移动学习、学习体验”教学模式改革的实践探索，取得了满意的效果。

"冰冻三尺非一日之寒"，通过这次微课比赛，我受益匪浅，同时感到自己还需要更多的学习和积淀，如何从课程教学入手，更好地体现教育技术与教学深度有效的融合是我努力的方向。

5.3 导游沿途讲解常见问题与应对

5.3.1 微课展示

本例是南京旅游职业学院卢凤萍老师策划、主讲的微课《导游沿途讲解常见问题与应对》（第二届全国高校微课教学比赛（高职高专组）一等奖作品），如图 5-7 所示。

微课视频浏览网址 http://210.29.224.35/wk/3.html。

(a) 微课封面

(b) 条码扫描 在线预览

图5-7 微课作品《导游沿途讲解常见问题与应对》界面

微课视频以及教学设计在素材文件夹中也可以浏览。

5.3.2 专家评价

决赛评审专家 1 评价：材料完整，选题合理，教学目标明确，讲述分析层次清晰，教学效果较好。

决赛评审专家 2 评价：教学目标明确，讲解到位，符合高职教育的特点。

决赛评审专家 3 评价：教学目标明确，教学过程完整，讲述层次清楚、自然。

决赛评审专家 4 评价：这个微课以学生为中心的教学设计，体现出微课不仅是一种新资源类型，更是一种全新的教学模式和学习方式。从教学设计的角度，通过师生讨论，提出了本节微课要解决的问题；同时也恰当地使用了多种媒体表现，视频、动画、图片有机地整合。拍摄上，运用室外自然光线，地平线分界（蓝色渐变镜）、立体感效果好，字幕清晰。

5.3.3 思维导图设计

微课《导游沿途讲解常见问题与应对》教学设计思维导图如图 5-8 所示。

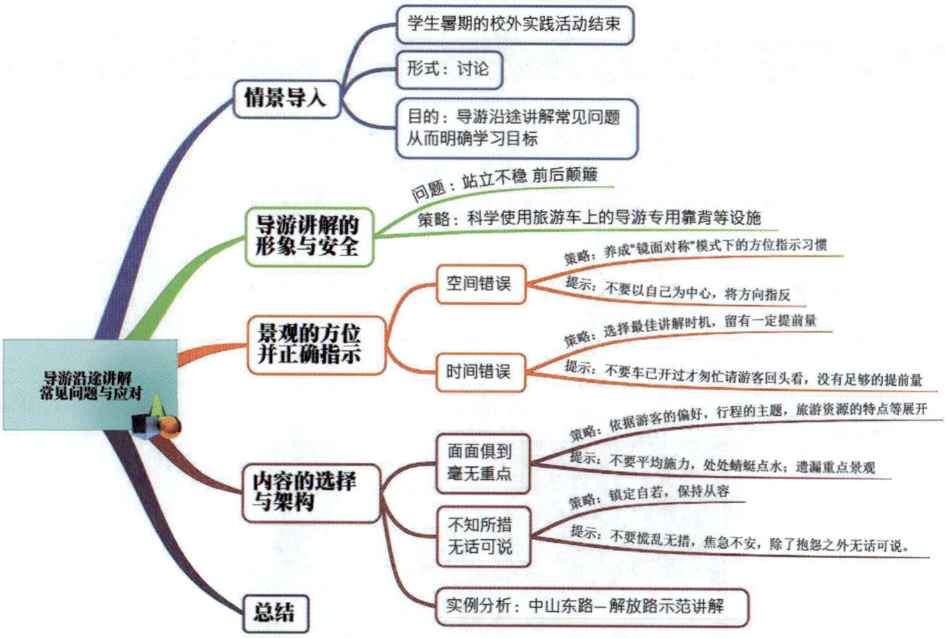

图5-8 微课“导游沿途讲解常见问题与应对”教学设计思维导图

5.3.4 教学设计

《导游沿途讲解常见问题与应对》微课的教学设计见表 5-3。

表 5-3 《导游沿途讲解常见问题与应对》微课的教学设计

微课标题	导游沿途讲解常见问题与应对	所属课程	旅游服务技能
所属专业	导游	适用对象	大二学生
所属专业大类	旅游大类	所属专业类	旅游
授课教师	卢凤萍	所属学校	南京旅游职业学院
教学思想与教学设计思路	首先，构建场景情景导入：学生在结束了暑期的校外实践活动后返回课堂，通过学生的交流与提问引出导游沿途讲解常见问题，从而明确学习目标，解决沿途讲解中“导游讲解的形象与安全”、“景观的方位并正确指示”、“恰当选择讲解内容并作表述”三个方面的常见问题。 其次，围绕三个问题依次展开。 **导游的形象与安全的常见问题：**站立不稳，前后颠簸。应对策略：科学使用旅游车上的导游专用靠背等设施。重点提示：不要离开靠背或毫无支点站立在车前或随意在车走动。 **景观的方位与指示的常见问题一：**空间错误。应对策略：养成“镜面对称”模式下的方位指示习惯。重点提示：不要以自己为中心，将方向指反。**常见问题二：**时间错误。应对策略：选择最佳讲解时机，留有一定提前量。重点提示：不要车已开过才匆忙请游客回头看，没有足够的提前量。 **内容的选择与架构的常见问题一：**面面俱到 毫无重点。应对策略：主题讲解法，依据游客的偏好，行程的主题，旅游资源的特点等展开。重点提示：不要平均施力，处处蜻蜓点水；遗漏重点景观。**常见问题二：**不知所措，无话可说。应对策略：镇定自若，保持从容。重点提示：不要慌乱无措，焦急不安，除了抱怨之外无话可说。 **实例分析：**以南京市旅游委员会提供的视频“中山东路－解放路”为例演示导游沿途讲解的示范与技巧。 最后，按照“基本维度—常见问题—应对策略”的思路，对本次微课进行了小结。同时对课程进行了延伸，给出了学生的学习指导与提示			

1
2
3
4
5
6

续表

微课标题	导游沿途讲解常见问题与应对	所属课程	旅游服务技能
教学背景	导游服务技能是旅游管理专业的专业核心课程。导游沿途讲解常见问题与应对是本门课程中的一个重点内容，针对导游讲解的形象与安全、景观的方位并正确指示、恰当选择讲解内容并作表述三个方面的问题进行了深入探讨，并提供了应对策略		
教学目标	通过学习使学生能够维护导游讲解的形象与安全、明确景观的方位并正确指示、恰当选择讲解内容并作表述		
教学重点/难点	**教学重点：**深入全面地理解导游沿途讲解常见问题 **教学难点：**系统掌握应对策略		

<table>
<tr><th colspan="3">教学设计</th></tr>
<tr><th>教学环节</th><th>教学内容</th><th>时间分配</th></tr>
<tr><td>1. 情景引入</td><td>

情景导入：学生在结束了暑期的校外实践活动后返回课堂，通过学生的交流与提问引出导游沿途讲解常见问题，从而明确学习目标，解决沿途讲解中“导游讲解的形象与安全”、“景观的方位并正确指示”、“恰当选择讲解内容并作表述”三个方面的常见问题</td><td>1 分钟</td></tr>
<tr><td>2. 知识讲解：导游讲解的形象与安全</td><td>

1. 常见问题：站立不稳，前后颠簸
问题描述：维护自身的形象与安全，是导游沿途讲解的基本保障。如果导游自己都跌跌撞撞站立不稳，何来为游客提供优质的讲解服务呢？所以，导游一定要树立安全意识，时刻牢记晃动的车厢和随时会发生的急刹车、急转弯，都是安全隐患，要提高警惕。
2. 应对策略：科学合理地使用旅游车上的导游专用靠背等设施
在具体操作时要确保正确的站姿，最关键的就是紧紧依靠导游专用靠板。每辆旅游大巴都有一块可以翻折的靠板，当需要讲解的时候，就把它打开，背部依靠在上面进行讲解。要做到：重心向后，背部紧贴，脚下踩实，适当抓牢；同时，可恰当地回头看看路况。如遇特殊路况，可采用较为安全的方式进行讲解。
3. 特别提示：切忌毫无支点站立在车前或随意在车内走动</td><td>2 分钟</td></tr>
</table>

续表

<table>
<tr><th colspan="3">教学设计</th></tr>
<tr><th>教学环节</th><th>教学内容</th><th>时间分配</th></tr>
<tr><td>3. 知识讲解：景观的方位并正确指示</td><td>

1. 常见问题一：空间错误
问题描述：在旅游车上进行沿途讲解时，导游与游客是镜面对称的，这是导游沿途讲解的空间原则。如果忘记了这个特殊性，就会出现方向指示的错误。例如，导游说：大家看，在我的左边是南京博物院，实际上对游客而言是他们的右边才对，这样的讲法就会导致游客不知道往哪里看，甚至遗憾地错过。
应对策略：养成“镜面对称”模式下的方位指示习惯
导游站在大巴前方讲解时，要以游客为出发点，养成如下讲解习惯：伸出左手时，说“大家的右前方看到的是”；伸出右手时，说“各位的左前方看到的是”。
特别提示：切忌以自己为坐标点，将方向指反。

2. 实例分析：以南京市旅游委员会提供的视频“阅江楼”为例
这段视频拍摄于南京沿江风光带的郑和大道。我们可以看见车辆行进方向左侧是位于狮子山上的阅江楼。此时导游可以对阅江楼进行讲解。讲解时注意，要伸出右手指示，并对游客说，大家左前方看到的是阅江楼。前方即将出现岔道，车辆驶向下关火车站，我们一定要留有足够的提前量，否则一旦被高架桥挡住左侧视线，想再进行阅江楼的讲解就显得滞后了
3. 常见问题二：时间错误
问题描述：主要表现是指示滞后。车辆保持行进，景物不断进入眼帘。如果讲解时间没有足够的提前量，就会出现景物飞逝而过却没有来得及讲解的情况。有时我们会听见有的导游说：“请大家赶紧回头看，刚才从我们眼前飞逝过去的是什么什么”，这显然不太合适。
应对策略：讲解对象进入视野或话音刚落即将进入视野，便可开始讲解。对沿途风光做到了解充分，以选择最佳讲解时机，确保留有一定的提前量。
特别提示：切忌车已开过才匆忙请游客回头看，相关讲解已结束，游客却没有来及看见实景。</td><td>3 分钟</td></tr>
</table>

续表

<table>
<tr><th colspan="3">教学设计</th></tr>
<tr><th>教学环节</th><th>教学内容</th><th>时间分配</th></tr>
<tr><td>3. 知识讲解：
景观的方位并正确指示</td><td>
</td><td>1 分钟</td></tr>
<tr><td>4. 知识讲解：
沿途讲解中内容的选择与架构</td><td>

1. 常见错误一：面面俱到，毫无重点
问题描述：这是导游沿途讲解的内容原则。行车过程中，景物转瞬而过，对沿途景观不可能面面俱到、一一介绍。因此，应根据游客的偏好、行程的主题、旅游资源的特点等加以取舍，做到详略得当，重点突出。
应对策略：采用“主题讲解法”。在对沿途景观进行梳理的基础上，提炼出特色鲜明的主题，就会令讲解内容详略得当，易于取舍了。
特别提示：切忌平均施力，处处蜻蜓点水或遗漏重点景观。

2. 常见错误二：不知所措，无话可说
问题描述：沿途讲解难免遇到红灯、堵车等情况，由此会造成讲解时间被迫延长、拟讲解景物之间的时间间隔不可控等客观突发状况，导致有些导游措手不及，或冷场，导致局面尴尬，或流露抱怨，影响游客情绪。
应对策略：面对任何路况都保持冷静，是导游沿途讲解应变原则。只要不影响行车安全和正常行程，导游都应镇定自若，以从容的讲解姿态和丰富的讲解内容有效填充路况变化带来的沿途讲解时间增长等现象。
特别提示：切忌慌乱无措，焦急不安，除了抱怨之外无话可说。</td><td>2～3 分钟</td></tr>
</table>

续表

教学设计		
教学环节	教学内容	时间分配
4. 知识讲解：沿途讲解中内容的选择与架构	 **3. 实例分析**：以南京市旅游委员会提供的视频“中山东路解放路”为例 这段视频是中山门至明故宫的沿途车景。这段路程是许多外地旅游车进入南京城的最常用路径，并且由于地势繁华，常常车水马龙，路况较为拥堵。现在我们根据主题讲解法，选择“明文化”为主题，将本路段中最能体现明文化的主要建筑和景物，分为五部分进行讲解，并适时地应对拥挤路况。 **（1）第一部分** **讲解主体**：中山门 **讲解重点**： ① 告知游客车辆目前的行进方向为：沿中山东路方向进入南京城。 ② 明确本段沿途讲解的主题，因即将途径的中山路到解放路段集中体现了南京璀璨的大明文化，因此这是一段“明文化”主题线路。 ③ 中山门与明文化的关联。 **（2）第二部分** **讲解主体**：南京博物院 **讲解重点**： ① 南京博物院陈列了包括大明王朝在内的各个历史阶段的文物史料。 ② 南京博物物院概况及特点。 **（3）第三部分** **讲解主体**：南京博物院 **讲解重点**：视路况而定，对南京博物院进行补充讲解 **（4）第四部分** **讲解主体**：明故宫遗址 **讲解重点**： ① 东宫的位置与由来。 ② 东宫的前世今生。 **（5）第五部分** **讲解主体**：明故宫遗址 **讲解重点**： ① 明故宫对整个明文化线的主要意义。 ② 明故宫的前世今生。	2 ～ 3 分钟

续表

教学过程设计		
教学环节	教学内容	时间分配
5. 总结	 今天我们从三个方面剖析了导游沿途讲解常见的问题并学会了相应的解决方法，以期增强沿途讲解的技巧，提高讲解质量。按照“基本维度—常见问题—应对策略”的思路，针对安全维度、时空维度、内容维度中的常见问题进行了分析，希望同学们能以“正确使用旅游车设施”应对站立不稳的问题，以“镜面对称”和“适当提前”解决景点指示混乱和时间滞后的问题，以“突出重点”和“沉着应对”解决蜻蜓点水和无话可说的问题。 沿途讲解是导游员的必备技能。而对常见的沿途讲解三类问题，我们只要找到规律，按照应对策略一一破解，平时多收集旅游目的地的资料，勤加练习，多多实践，就可以取得良好的沿途讲解效果	40 ~ 50 秒
6. 课后练习提示	课余时间，请大家充分利用网络资源，诸如登录“南京旅游网”等，观看更多沿途讲解视频，进行讲解练习，并且多投入社会实践，在实际运用中增强技能	30 秒

5.3.5 开发方式

本案例主要采用实景拍摄方式，使用高清摄像机拍摄，视觉质量高，具有很好的观赏性、交互性、学习性，是高质量微课的首选方案。

本微课主要采用摄像机实拍式录制，下面围绕课堂讲授交互场景拍摄、静止大巴车中教学场景拍摄、汽车移动运动场景车内外拍摄、总结部分室外场景的拍摄的技巧。

1.课堂讲授交互场景拍摄及运用技巧

课堂将采用 2 机位拍摄，讲授交互场景拍摄及运用技巧见表 5-4。

表 5-4 师生讨论场景拍摄及运用技巧

场景	主题	机位、景别	灯光、光线
1	 室内教师与学生互动	1 号机、中景、展现教学情景	室内拍摄，以窗户光作为逆光，再加上主光、辅光

续表

场景	主题	机位、景别	灯光、光线
2	 教师讲课	2号机，近景角度以学生、教师、背景形成层次结构	室内拍摄主光、辅光，体现教师与学生的立体构成
3	 学生提问	1号机、中景再次展现师生互动场景	以窗户光为逆光、主光、辅光
4	 学生特写	2号机、特写、运用侧逆光学生轮廓清晰、反映学生求知的欲望	以窗户光为侧逆光、加主光、辅光
5	 室内教师与学生教学结束	1号机、中景、 本场景结束，强调教学互动的场景	以窗户光为逆光、加主光、辅光

2. 静止大巴车中教学场景拍摄运用技巧

静止大巴车中教学场景拍摄运用技巧见表5-5。

表5-5 静止大巴车中教学场景拍摄运用技巧

场景	主题	机位、景别	灯光、光线
1	 汽车远景	1号机位，上车远景，以草坪为前景、人、汽车及背景形成立体空间	室外晴天拍摄、自然光线、草坪柔光照射

续表

场景	主题	机位、景别	灯光、光线
2	 静止的车内讲解	1号机、车内中景拍摄，反映室外车内教学场景	室外晴天车内拍摄、自然光线、加反光板补光
3	 教师特写讲解	1号机、推特写、实际导游站立场景、提高安全意识	自然光线窗口光逆光、加反光板补光
4	 插入动画	切换画面插入动画场景、模拟刹车情景、减少了真实拍摄危险性、并且效果好、容易理解	制作动画光线、色调与室外车内一致
5	 学生特写	2号机、学生近景、反映讲课的交互性	自然光线窗口光逆光、加反光板补光
6	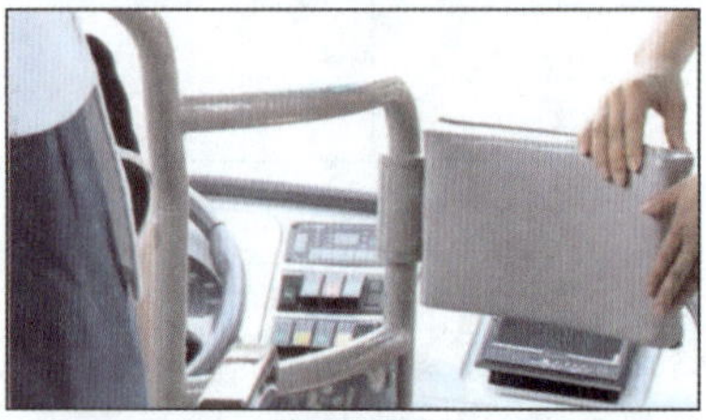 靠背特写	2号机、靠背特写、强调靠背的重要性	自然光线窗口光逆光、加反光板补光
7	 教师指导学生模拟	1号机、中景、学生模拟使用靠背、学生主体、教师主导	自然光线窗口光逆光、加反光板补光

续表

场景	主题	机位、景别	灯光、光线
8	 教师讲解特写	1 号机、车内教师讲解特写	自然光线、加反光板补光
9	 场景切换动画模拟	通过动画模拟讲解场景提高趣味性、容易理解	制作动画光线、色调与室外车内一致
10	 教师示范讲解	1 号机、拉中景、从观众角度体现所指方向	自然光线、加反光板补光
11	 学生特写	2 号机、学生特写、增加学生互动主体性	自然光线窗口光线逆光、加反光板补光
12	 动画模拟	通过插入动画模拟真实场景自然、容易记忆、理解	制作动画光线、色调与室外车内一致
13	 实例讲解	插入外景拍摄内容、1 号机、中远景拍摄、填加道路指示	拍摄时间早晨或傍晚、运用自然光线逆光拍摄、立体感效果好

续表

场景	主题	机位、景别	灯光、光线
14	 外景游览	插入外景拍摄内容、1号机、中远景拍摄、选择弯道体现立体感	拍摄时间早晨或傍晚、运用自然光线逆光拍摄、立体感效果好
15	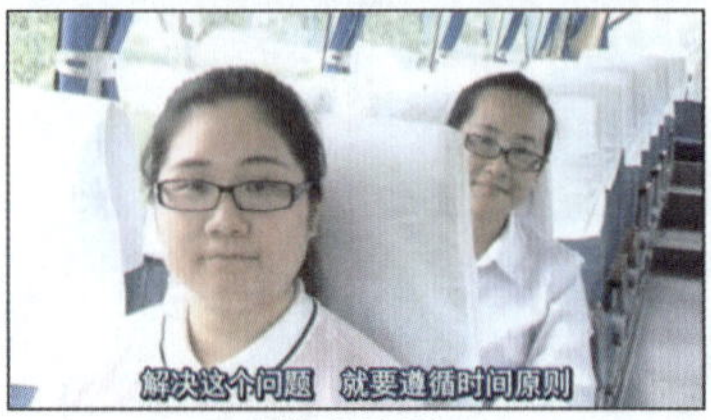 学生特写	2号机位、学生特写，体现学生主体	自然光线窗口光逆光、反光板补光
16	 实景岔路口	1号机、中远景拍摄、选择弯道、岔口体现立体感	拍摄时间早晨或傍晚、运用自然光线逆光拍摄、立体感效果好
17	 错误讲解的动画展现	运用动画体现讲解重点不突出问题，动画形象容易记忆、理解	制作动画光线、色调与室外车内一致
18	 学生提问	2号机、特写、学生提问互动、体现学生主体	自然光线窗口光逆光、反光板补光
19	 停车等红灯	插入静态图片、体现红灯、堵车的静止状态、体现等待时间效果好	静止图片光线明亮与前后动态图片色调统一

续表

场景	主题	机位、景别	灯光、光线
20	 结束车内讲解	1号机、以教师为主的中景结束车内讲解、自然、并体现教师主导的特点	自然光线、反光板补光

3. 汽车移动运动场景车内外拍摄技巧

南京市旅游委员会提供的视频能体现汽车移动运动场景的拍摄技巧，这段视频的车内外拍摄技巧见表5-6。

表5-6 汽车移动运动场景车内外拍摄技巧

场景	主题	机位、景别	灯光、光线
1	 旅游实景出发点	1号机、中远景拍摄、选择有弯道拍摄体现立体感	日景拍摄、运用室外自然光线、地平线分界（蓝色渐变镜）、立体感效果好
2	 弯道进入城门	1号机、选择有弯道拍摄体现立体感	日景拍摄、运用室外自然光线、地平线分界（蓝色渐变镜）、立体感效果好
3	 景点内容组织讲解	1号机、摇镜头突出讲解景点位置	日景拍摄、运用室外自然光线、地平线分界（蓝色渐变镜）、立体感效果好
4	 堵车补充讲解	1号机、中远景拍摄、对道路方向体现身临其境的运动感	日景拍摄、运用室外自然光线、地平线分界（蓝色渐变镜）、立体感效果好

续表

场景	主题	机位、景别	灯光、光线
5	 景点空间位置讲解	1 号机、摇镜头突出讲解景点位置	日景拍摄、运用室外自然光线、地平线分界（蓝色渐变镜）、立体感效果好
6	 特殊景点讲解	1 号机、摇镜头突出讲解景点位置	日景拍摄、运用室外自然光线、地平线分界（蓝色渐变镜）、立体感效果好

4. 总结部分室外场景的拍摄运用技巧

总结部分采用了实景拍摄，室外场景的拍摄运用技巧见表 5-7。

表 5-7　室外场景的拍摄运用技巧

场景	主题	机位、景别	灯光、光线
1	 教师总结	2 号机、特写、由教师总结、背景选择学院校车	日景室外自然光线、加反光板补光
2	 与学生互动	1 号机、近景、体现教学场景	日景室外自然光线、加反光板补光
3	 微课结束	1 号机、近景、教学结束、达到教学效果	日景室外自然光线、加反光板补光

5.3.6 作者感悟

我是南京旅游职业学院国际旅游系的卢凤萍。有幸能参与这次微课大赛，更非常荣幸能获得这样一个奖项，我感到自己非常的幸运，也非常的幸福！

首先我想以一颗感恩的心，感谢教育部全国高校教师网络培训中心、高等职业技术教育研究会的精心组织，为我们搭建了一个交流和进步的平台，让我们在微课的世界里自由探索。

经过此次大赛，我受益匪浅，现在我向各位汇报一下我的体会，不当之处敬请指正，并诚恳希望今后仍能得到各位领导、各位专家和老师们的指导与帮助。

我总结了 12 个字：优选材、精设计、巧拍摄、细打磨。

心得一：优选材

微课的诞生是信息化时代的产物，也是信息化带给我们的福利。它能有效解决许多教学中的重难点，所以微课的题材建议优先选择在传统课堂中较难诠释清楚的知识点和技能点。因此作为老师，平日要注意科研、教研与行业实践的积累，才能较好地选择体现行业需求，也符合学生诉求的微课题材。

我本人的专业是旅游管理，本科毕业以后保送攻读硕士研究生，也是旅游管理，研究生毕业后进入高职院校工作，作为一名年轻的教师，五年来一直用心探索从高校到讲台，如何深入理解并遵循高等职业教育的规律。我一直奉行“读万卷书、行万里路”，不能不读书，也不能死读书，实践出真知，所以我在大学二年级就考取了英文导游证以及后来的领队证，11 年来一直坚持用业余时间带团，因为实践会给我在这个领域最全面的认知，这对我的科研和教研都非常有益。从最初的兼职导游开始体会旅游行业一线的点点滴滴，了解旅游者、旅游资源和旅游企业，从内宾团到外宾团，从地接到全国各地的长线，从境内到境外，我越发深入地了解我应当教会我的学生哪些最有用的知识，最关键的技能。

我的微课选材是这些年来导游接待工作的一个重难点，不管是境内还是境外，我们总会发现旅和游其实是有很大区别的，旅长游短常常是一种苦恼，不得不花费在路上的时间太长，真正游玩的时间相对太短，那么这种客观现状如何改善，很重要的一点就是导游拥有深厚的讲解功底，能把旅途变成一次边看风景边聆听的移动课堂，而很多导游甚至都不知道基本的车上讲解技能，更没有意识去积累可供沿途讲解的素材，只知道到了景点见物说物，这固然能及格，却很难能出彩。

刚刚过去的2014年青奥会期间，我受旅游局的委托，培训青奥讲解的志愿者，时间紧、任务重，我就用了微课的选择思路，每一次培训攻克一个知识与技能的难点，尤其是沿途讲解，把原本枯燥的车程变成一次欣赏南京城市风光的小小的讲堂，青奥期间我和我们所有的志愿者完成了包括各国政要在内的各级接待任务。

心得二：精设计

好的选题如何呈现，需要老师担任“编剧和导演”的角色。一方面要编写好“剧本”，另一方面要组织好演员，协调好拍摄时的各方面，制作团队固然可以后期加工，但是尽量不要出现后期补镜头、补配音、补画面等情况，这样会影响画面的整体质量。

微课毕竟不是授课录像，它应该让学习者始终处于一种观赏的愉悦中，就算没有学习兴趣，也要尽力使之通过微课而感到乐趣，激发持久的学习热情。我在拍摄微课之前先把脚本写好，手持文字稿，充分和摄像师、学生沟通好，细致到整个微课分为几部分，每个部分预期什么画面、什么效果，在哪一个画面切换、哪一个画面谁说话，该怎么说话，为的是什么效果，体现什么重难点，哪里是画外音，哪里可以做成 Flash，都设计好，然后开始拍摄。

心得三：巧拍摄

拍摄一定是辛苦的，但是也有乐趣。这里的关键是充分和摄像师沟通，听取他的意见，诸如是否要补光，镜头的方向、远近，画面的协调等等。因为摄像师一般不是学旅游管理专业的，所以我在拍摄时还比较贴心地为摄像师担任场记的工作，这样会方便他后期的制作，他会一目了然需要在哪里做什么剪辑。有的镜头可以分角度多拍几个，方便后期制作的时候补充或者替换。另一方面，如果教师和学生出镜，那就要保证自己和学生处于较好的状态中，一方面个人的精神状态好，另一方面自己和学生的相处氛围好，这样学生才不会感到紧张，在镜头前才能显得自然。当然，教师自己也要培养良好的镜头感，尽量不要有看见镜头就忘词的情况，让拍摄尽可能的一气呵成，反复的 NG 会导致摄像师、学生甚至自己都情绪走低。

心得四：细打磨

拍摄结束后，微课的初稿很快可以制作完毕，然后就需要后期反复地打磨。首先自己要反复地看，甚至检查每一个字幕的错别字，把所有需要修改的地方逐条记录下来，列明具体的时间，精确到几分几秒哪个字要修改，书面反馈给制作方；另一方面就是各方专家进行“会诊”了。非常感谢我所在的系部、我的学院等各方专家给我的宝贵意见。系里专门安排教研活动时间让全体老师看，然后每个人提出自己的意见和建议，包括看到哪里觉得不明白，哪里觉得容易走神，这些小的观看细节都一一反馈给我，学校领导和教务处的负责人一起对修改后的版本进行了两次亲自审阅，省赛结束后，组织所有一等奖的获得者参加了统一的培训，这次培训使我收获颇丰。在此我向各位关心和帮助我的领导、专家和同仁表示最衷心的感谢！

一个微课的成型，是经过了精心的雕琢与打磨，凝聚着多方的关心，更体现着所有人对于教育工作的不懈探索与紧扣信息化时代的意识。因为今天时间有限，我不在此多占用，把时间留给专家和各位同仁，在此热忱欢迎各位来到古都南京，来到生机勃勃的南京旅游职业学院，莅临我所在的包括旅游英语、旅游韩语、旅游日语、旅游西班牙语等专业在内的国际旅游系，指导工作，感谢微课让我们相识，感谢各位，祝各位工作顺利，生活愉快！

5.4 服装造型的装饰手法之一——波浪褶

5.4.1 微课展示

本例是杭州职业技术学院章瓯雁老师制作的微课《服装造型的装饰手法之一——波浪褶》（第二届全国高校微课教学比赛（高职高专组）一等奖作品），如图 5-9 所示。

微课视频浏览网址 http://210.29.224.35/wk/4.html。

（a）微课封面

（b）条码扫描 在线预览

图5-9 微课作品《服装造型的装饰手法之一——波浪褶》界面

微课视频以及教学设计在素材文件夹中也可以浏览。

5.4.2 专家评价

决赛评审专家 1 评价：运用信息技术解决教学重点与难点。

决赛评审专家 2 评价：作品符合技术规范，教学安排合理，教学效果显著。

决赛评审专家 3 评价：选题独立完整，教学目标明确，教学设计新颖，重点突出，教学过程清晰，理实一体，表述准确，条理性强。

5.4.3 思维导图设计

《服装造型的装饰手法之一——波浪褶》微课的教学设计思维导图如图 5-10 所示。

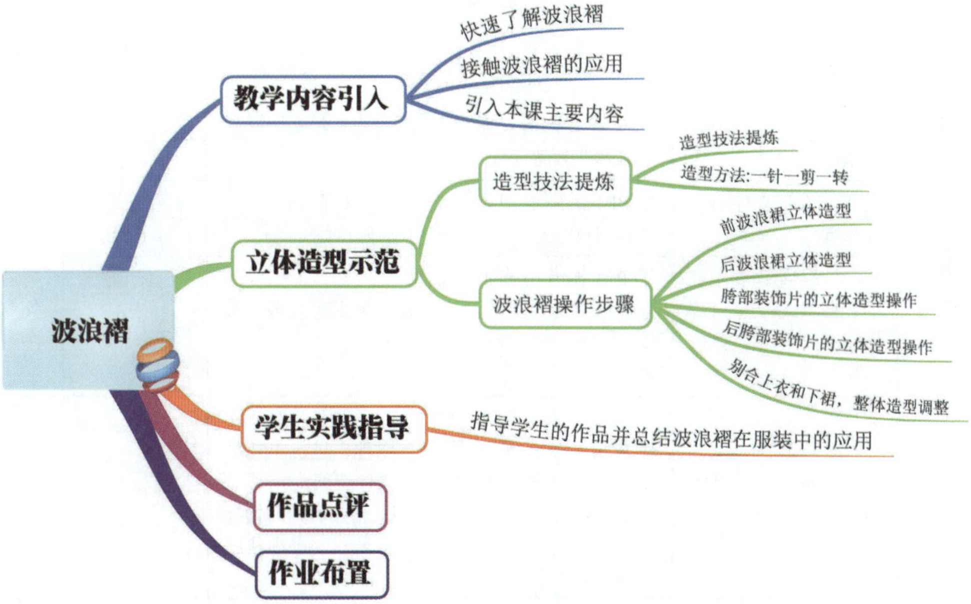

图5-10 服装造型的装饰手法之一波浪褶教学设计思维导图

5.4.4 教学设计

《服装造型的装饰手法之一——波浪褶》微课的教学设计见表 5-8。

表 5-8 《服装造型的装饰手法之一——波浪褶》微课的教学设计

微课标题	波浪褶	所属课程	服装立体裁剪
所属专业	纺织	适用对象	大二学生
所属专业大类	轻工纺织食品	所属专业类	纺织类
授课教师	章瓯雁	所属学校	杭州职业技术学院
教学思想与教学设计思路	通过明星们参加社交活动的着装，引出波浪褶，从而提炼波浪褶立体造型技术要领“一针一剪一转”，分析本堂课要示范的礼服款式特点，进行波浪褶立体造型。学生实践，教师指导小礼服的立体造型实践，点评学生作品并总结波浪褶在服装中的应用		
教学背景	服装立体裁剪课程遵循学习者的认知基本规律，把服装企业产品的开发和生产方式以及立体裁剪的知识点 / 能力点融入到来自企业的典型项目中，形成从简单到复杂的循环递进式 5 个项目，分别为：OEM 来样订单—时装裙、OEM 来稿订单—春夏衬衫、ODM 开发订单—上衣、品牌运作—连衣裙以及高级定制—礼服。前两个项目是基础性项目，学生在教师的全面指导下完成任务；第 3 个也是基础性项目，但以学生独立完成为主，重点培养学生的自学能力；第 4 个项目是综合性项目，强化在设计制作过程中的计划性，培养学生的自查能力；第 5 个项目是创意性项目，强化独立完成工作过程及创新能力		
教学目标	**知识目标：**陈述波浪褶的内涵和应用范围，陈述波浪褶制作的技术要点 **能力目标：**会使用从里到外、从整体到局部的立体裁剪操作步骤进行服装立体造型；能运用面料量的转移、展开，进行波浪褶造型 **态度目标：**养成耐心、细致的立体造型习惯；养成追求完美的做事态度		
教学重点 / 难点	**教学重点：**通过实践，总结出波浪褶的立体裁剪技术要领 **教学难点：**通过面料转移量的多和少来控制服装立体型的外观效果		

教学设计

步　骤	教学内容	教师活动	学生活动	教学方法	时间
1. 引入	通过明星们参加社交活动的着装，引出波浪褶	用 PPT 讲授，欣赏明星社交着装图片、提问，引入本课教学任务	听课、看图，回答问题，了解波浪褶	直观教学	2 分钟
2. 波浪褶立体造型示范	提炼波浪褶立体造型技术要领	用 PPT 讲解波浪褶的立体裁剪技法	学生观看 PPT 并听教师讲解	讲解	7 分钟
	① 分析本堂课要示范的礼服款式特点。 ② 进行波浪褶立体造型示范	① PPT 图片分析波浪褶立体造型技术要领。 ② 动手示范波浪褶立体造型	学生观看教师示范操作	讲解、演示	
3. 学生实践，教师指导	小礼服的立体造型实践	① 巡视、观察学生的立体裁剪方法，发现有不合理或不正确的操作及时提醒学生。 ② 根据学生的不同问题，个别辅导	① 运用波浪褶制作原理，进行小礼服立体造型。 ② 根据教师的指导意见，改进小礼服立体造型	实践指导	40 ～ 50 秒
4. 作品点评	点评学生的作品并总结波浪褶在服装中的应用	教师总结挑战点	学生评选优秀作品	互动交流	1 分钟
5. 作业布置	拓展练习	教师布置作业	学生记录作业		30 秒

续表

<table>
<tr><th colspan="2">教学内容详细设计</th></tr>
<tr><td>1. 任务引入</td><td>
开场白直奔主题：“今天，让我们一起来分享波浪褶的立体造型手法以及其在服装中的应用”。
（1）快速了解波浪褶

波浪褶也称荷叶边、木耳边等，由于其造型如波浪般的起伏、流畅而得名。可以作为花边，装饰在服装的局部，也可以独立设计为服装款式，如波浪裙、礼服等。运用非常灵活、广泛。
视频对照：通过在画面上左边安排国际 T 台波浪褶服装走秀，右边同时出现相应的波浪、荷叶、木耳等视频和照片进行对照，让学习者非常容易地理解了什么是波浪褶。
（2）接触波浪褶的应用
案例：明星社交活动的着装
服装的流行和推广，离不开明星们参加社交活动着装的示范作用，因此，用国内大家都非常熟悉的明星们穿着的服装来了解波浪褶在服装中的应用。
启发性问题设置：欣赏了明星们的着装后，同学们是否可以在服装中找出，哪些地方装饰了波浪褶？
回答：范冰冰的礼服在肩部、袖子和裙摆装饰了波浪褶；徐子珊穿着的礼服的腰胯部装饰了波浪褶；林志玲的连衣裙整个裙子设计成波浪裙。
从以上的图片中可以得出：波浪褶用不同面料演绎、在不同部位装饰，呈现的美感各不相同：或高贵典雅、或浪漫妩媚、或自然灵动。
（3）引入本课主要内容

通过层层铺垫，引起学生对波浪褶的兴趣并产生要把波浪褶应用于自己设计的礼服中的想法，然后，提出本次课的主要内容——波浪褶的立体造型。并且，教师设计了一款波浪褶在一件服装中多次运用，但呈现出不同外观效果的礼服，并分析其款式特点。
重点解释：当波浪褶展开量的大小的改变，可以影响波浪褶呈现出的外观效果，从而，启发学生通过波浪褶量的大小的把握，来灵活运用波浪褶。
</td></tr>
</table>

续表

<table>
<tr><th colspan="2">教学内容详细设计</th></tr>
<tr><td>2. 立体造型示范</td><td>
1. 造型技法提炼
分析波浪褶的立体裁剪技术要领，根据波浪褶立体形成过程，概括为“一针一剪一转”的造型方法。
一针：指确定褶的位置并用大头针固定；
一剪：在该褶对应的腰线上打一个剪口（剪口打在缝份内）；
一转：通过布料量的转移形成波浪，因此，我们需要在波浪的相反方向，预留布量。波浪褶越大。预留的布量也越多。
2. 波浪褶操作步骤
由教师示范波浪裙及腰部装饰片造型，操作步骤如下。
（1）前波浪裙立体造型
①贴制设计线，贴出胯部装饰片的形状以及定出波浪褶的位置。
②制作前波浪褶造型，由于波浪褶的个数较多，腰部上方预留的余量也要大一些，这里预留了40cm的余量。把布料的垂直中心线与人台的前中心线对齐，并用大头针在腰部分割线与中心线的相交位置上固定布料。再垂直向下选择另一个位置固定一针，使布料不会左右移动。第1个褶的位置就在前中心线处，因此在腰线以上的余量处打一剪口，这里要注意剪口不要超过腰线。把上面预留的布料向下转移，在褶位点的下方形成波浪褶。若布料下移量越大，波浪褶的量也会越大。接下来，在腰线上第2个波浪褶的位置上固定一针，在修剪掉第1个褶到第2个褶之间的余量后剪刀对准第2个褶的位置打一剪口，下移布料，形成第2个波浪褶。重复这样的操作，依次做出其他几个波浪褶。
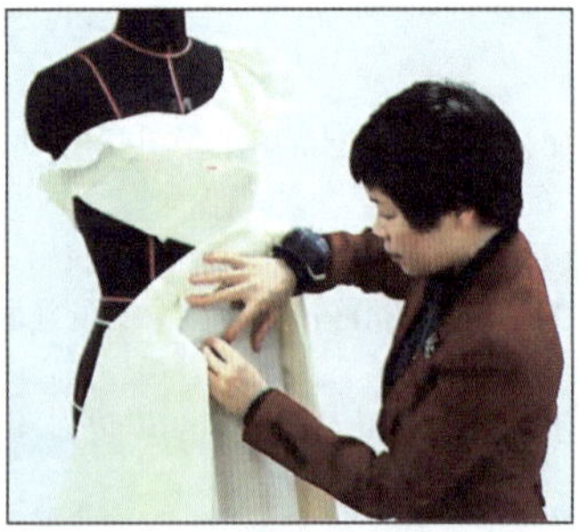
图1　固定布料
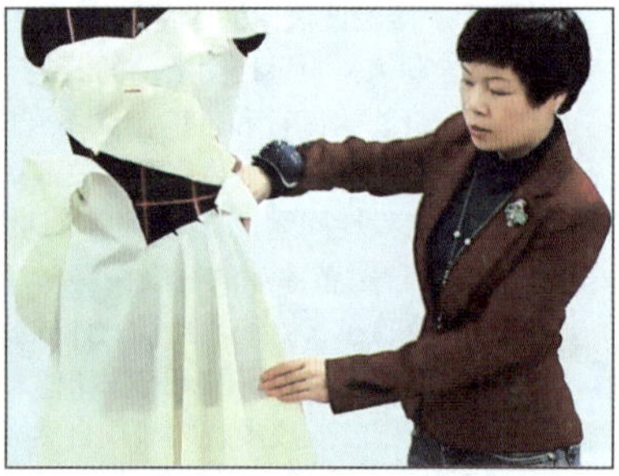
图2　制作波浪褶
③修剪余量：预留1cm缝份，根据腰线修剪腰部余量。根据侧缝线，预留1cm，修剪侧缝余量。根据款式图，修剪下摆造型。初学者也可以在下摆先做上记号再修剪。
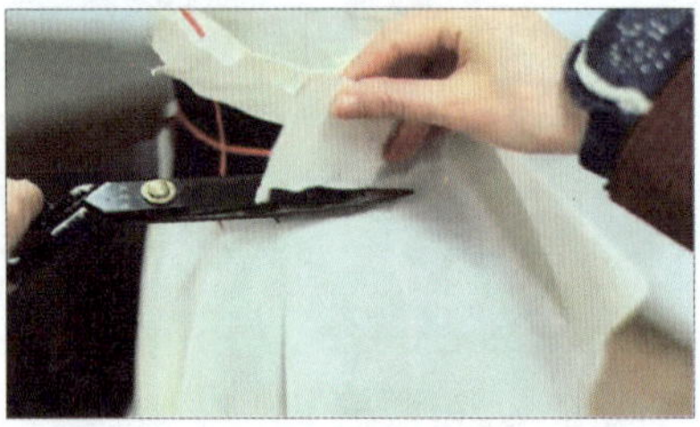
图3　修剪腰部余量
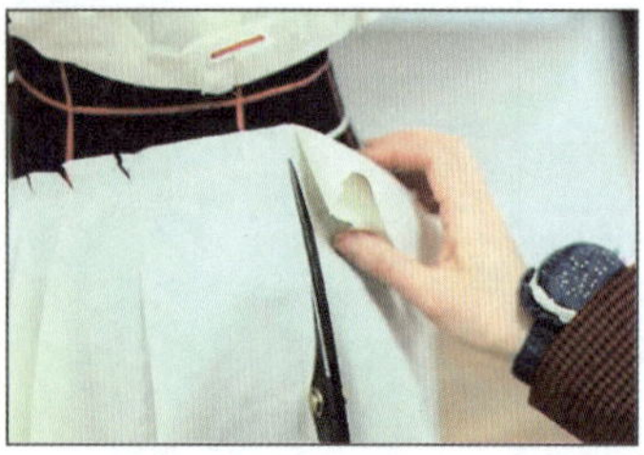
图4　修剪侧缝余量
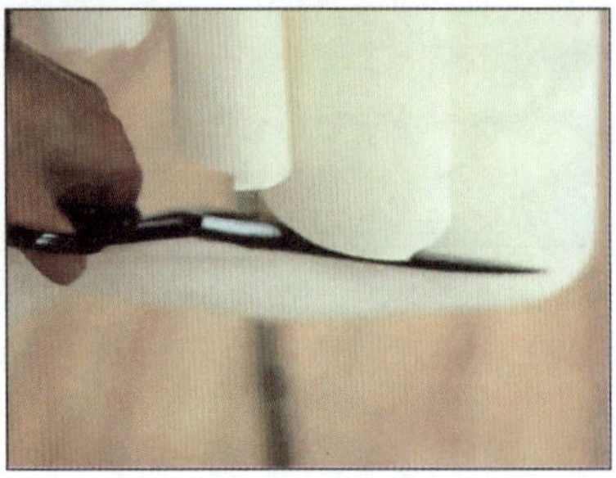
图5　修剪下摆

图6　裙子下摆造型
</td></tr>
</table>

续表

教学内容详细设计

2. 立体造型示范

（2）后波浪裙立体造型

后波浪裙的造型方法同前，也是采用“一针”、“一剪”、“一转”的立体造型手法。然后预留1cm缝份，修剪后腰、侧缝和裙子下摆余量。后片做好后，在侧缝把后裙片1cm缝份扣进，前后裙片缝合。

图7 缝合侧缝

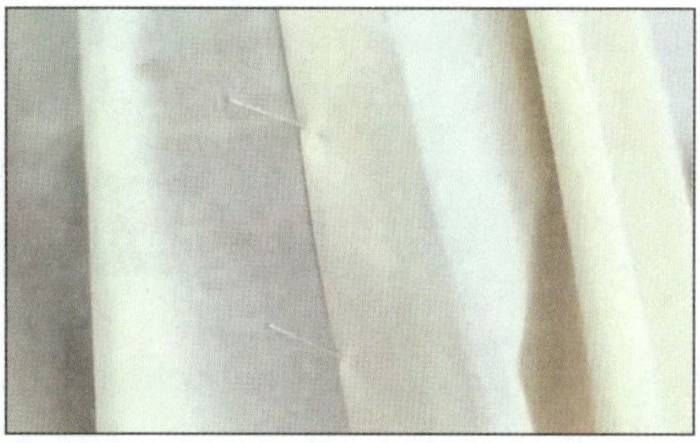

图8 侧缝效果

（3）胯部装饰片的立体造型操作

①将布料顺着经向的方向对折，对折线与装饰片的翻折线对齐，大头针固定在腰线与前中心线的交点上，然后打开面料，先做下层的装饰片。制作方法同波浪褶的做法是一样的，也是采用“一针”、“一剪”、“一转”的造型手法，在腰线上均匀地分布几个点，把布料展开。这里注意展开的量要少，满足布料离开胯部向外平整地稍稍张开就好。预留1cm缝份，修剪侧缝余料。

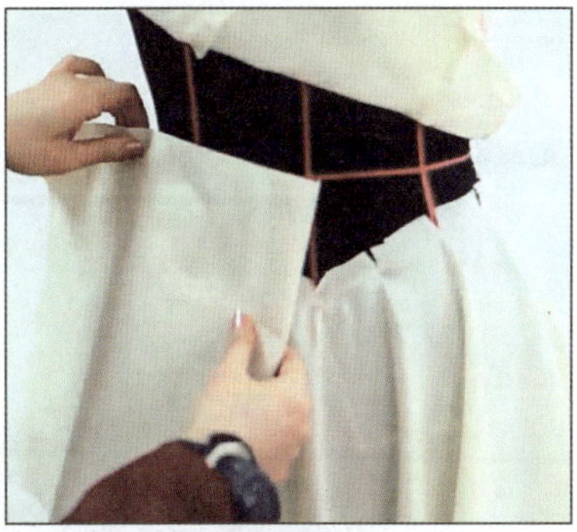

图9 固定腰部装饰片

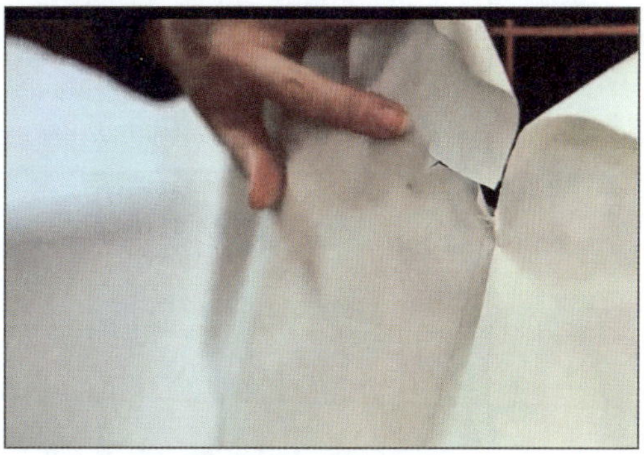

图10 制作里层装饰片

②里层的装饰片做好后，把面料翻折回来开始做外层的装饰片，方法跟里层装饰片一样。但外层装饰片打开的量要稍微比里层大一些，使两个层次清晰明显。接下来，根据款式图修剪胯部装饰片的造型。这里要注意线条流畅，层次分明。装饰片的外观要反复观察，仔细调整。

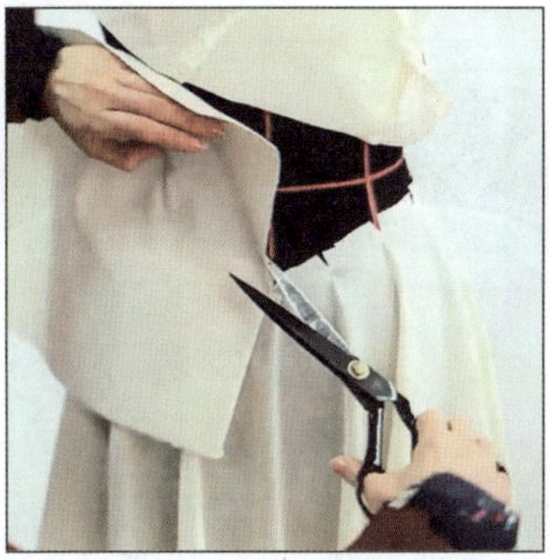

图11 粗裁外部装饰片

图12 展开外部装饰片

续表

教学内容详细设计

2. 立体造型示范

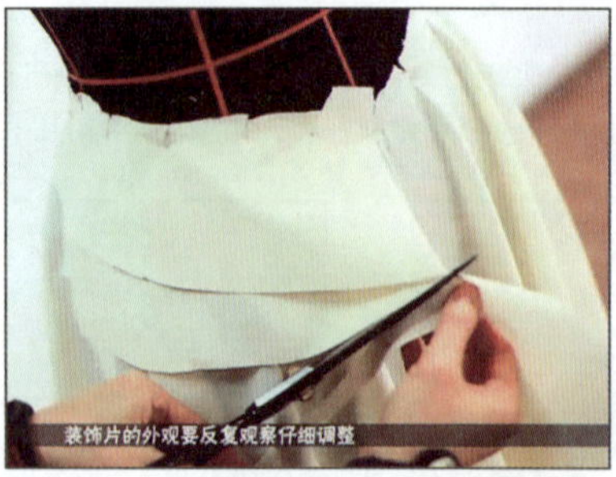

图13　修剪里层装饰片

图14　修剪外部装饰片

③完成左右两边装饰片的制作。

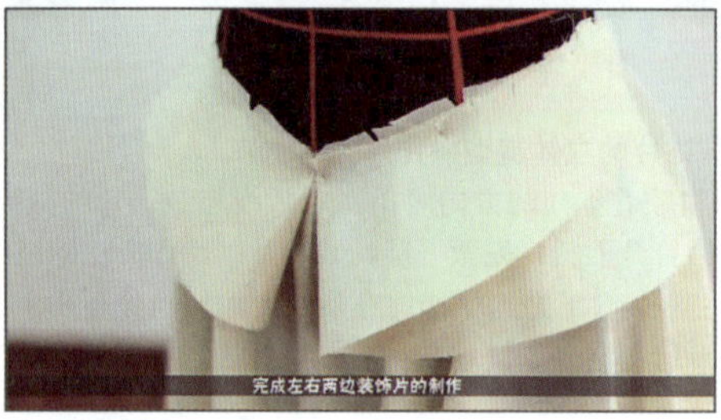

图15　腰部装饰片的完成效果

（4）后胯部装饰片的立体造型操作

方法与前装饰片的制作方法相同，从略。把前装饰片的缝份扣进，在侧缝别合前后装饰片。

图16　制作后面装饰片

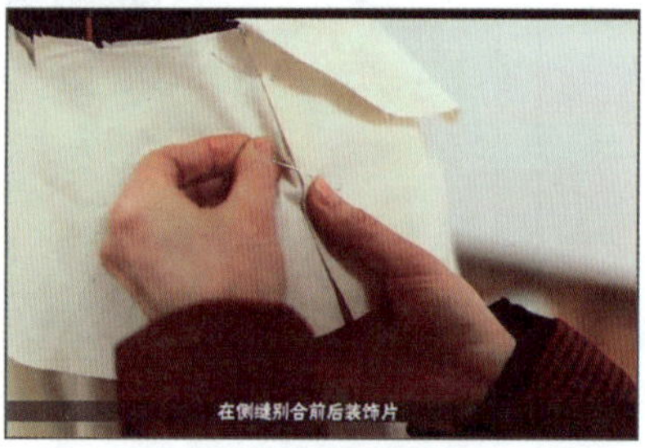

图17　缝合侧缝

（5）别合上衣和下裙，整体造型调整

把衣摆的缝份扣进，和裙子别合，最后我们分别从正面、侧面和背面观察整体造型，若有不合适的地方及时调整。使整体造型协调美观。

图18　正面效果

图19　侧面效果

图20　背面效果

续表

教学内容详细设计	
3. 学生实践指导	由学生来制作自己设计的礼服款式，若有疑问或困难，个别与教师沟通，教师针对学生的问题个别指导或示范
4. 学生作品点评	在实践中，大家都在服装上巧妙地运用了波浪褶，通过实践发现，用上波浪褶，服装显得柔美且富有动感，如一位学生把波浪褶装饰在服装的领子上，并在领口处通过面料的两次翻折，将波浪褶穿插入服装的结构线中，很有创意。 一位学生把波浪褶斜向装饰在小礼服的胯部，通过波浪褶多层堆积，形成厚度感，使胯部造型更加丰满，具有很强的视觉冲击力。 还有一位学生制作的小礼服，只是利用了波浪褶的制作原理，但胯部的量打开得很少，形成稍微张开的立体空间，含蓄，端庄。 波浪褶是服装中应用最广、最具有张力的艺术表现手法之一，巧妙运用波浪褶装饰，可使服装形成立体的构成空间，增加服装的量感、律动感和美感，满足人们对着装美的追求。 当然，服装造型的艺术表现手法还有很多，大家若有兴趣，可以关注我的服装立体裁剪课程网站 http://101.71.249.86/learning/node/12638
5. 课后训练和预告	**（1）技能拓展训练** 根据下面给出的带有波浪褶装饰的服装款式图，试进行立体裁剪。  **（2）预告** 下节课，我们将一起学习服装造型的装饰手法之二——垂坠褶，它的外观效果如何，通过怎样的立体裁剪手法可以达到？下节课一起解读

5.4.5 开发方式

首先，本微课利用摄像机拍摄教师授课过程，结合了虚拟抠像的方式，对视频进行简单的后期制作，可以进行必要的编辑和美化，开发过程如图 5-11 所示。

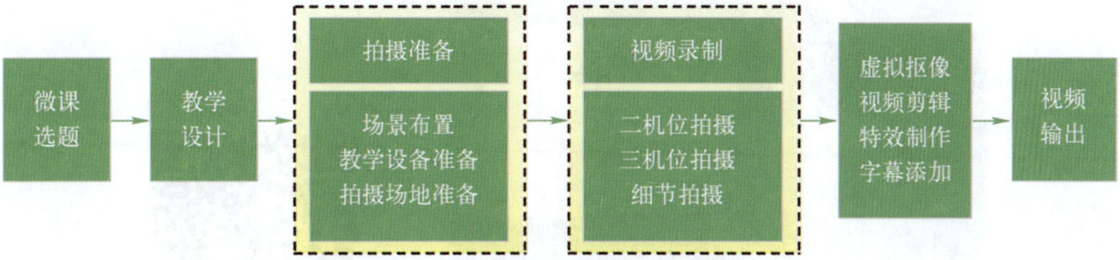

图5-11 实拍式与虚拟抠像技术的结合

5.4.6 作者感悟

《服装造型的装饰手法之一——波浪褶》微课在第二届全国高校微课教学比赛（高职高专组）中获得一等奖，获奖后当然非常开心，但也在我的意料之中。

从学校通知我参加2014年的微课设计大赛时，我就想着，要么努力拿一等奖，要么不参加，所以，在学校比赛前，我就精心准备，但当时对微课的设计和制作并不了解，先是查阅大量的资料、看前一届获奖微课等，做了很多准备工作，遇到自己拿不定的主意时，及时找相关专家请教。

如我所愿，学校的微课比赛，我以排名第一的成绩顺利进入省赛。而在省赛阶段，我并不满意之前取得的成绩，继续学习、参加各种微课培训，请教很多微课专家，虚心听取他们的建议，在省赛提交作品的时候，重新进行教学设计，重新拍摄了微课视频。

浙江省微课比赛继续以一等奖的成绩，被顺利推送到国赛平台，每一次的晋级，都让我对微课的设计和制作有了新的见解，及时总结，渐渐整理了一套微课设计制作的心得和体会，也获得了很多次进行微课设计与制作的交流和报告的邀请。并且，在上传国赛平台之前，我又请教了一些微课专家，再一次对微课进行修改。反复地调整，让微课更具有教学性、可视性。

微课获奖，我觉得要“用心”：微课虽然只有短短的十分钟时间，但考察老师的专业技能、教学技巧、信息化技术、艺术审美等各方面的能力，因此，要用心去准备，去思考、设计和制作。

要“细心”：每一次的修改，都要很细心地观察，仔细调整。

要“耐心”：很多获奖选手都有这样的体会，要使自己在镜头前表现得更加自然，微课内容的讲解至少得练上几十遍，甚至上百遍。还有一遍遍地修改，都需要我们有足够的耐心。

总之，设计与制作一节微课容易，设计与制作一节获奖的微课不容易，需要教师处处用心、细心，整个过程要有耐心，要有精益求精的探索精神，因为每一次的收获都需要努力付出，因为成功是留给有准备的人的！

5.5 解释语言中的“两化”“三禁忌”

5.5.1 微课展示

本例是运城护理职业学院刘晓霞老师制作的微课《解释语言中的“两化”“三禁忌”》（第二届全国高校微课教学比赛（高职高专组）一等奖作品），如图5-12所示。

(a) 微课封面

(b) 条码扫描 在线预览

图5-12 微课作品《解释语言中的“两化”“三禁忌”》界面

微课视频浏览网址：http://210.29.224.35/wk/5.html。

微课视频以及教学设计在素材文件夹中也可以浏览。

5.5.2 专家评价

决赛评审专家 1 评价：作品符合技术规范，教学安排合理，教学效果显著。

决赛评审专家 2 评价：材料齐全，选题独立完整，教学目标明确，教学设计科学，声音清晰柔和，教学风范良好。

5.5.3 思维导图设计

《解释语言中的“两化”“三禁忌”》微课教学设计思维导图如图 5-13 所示。

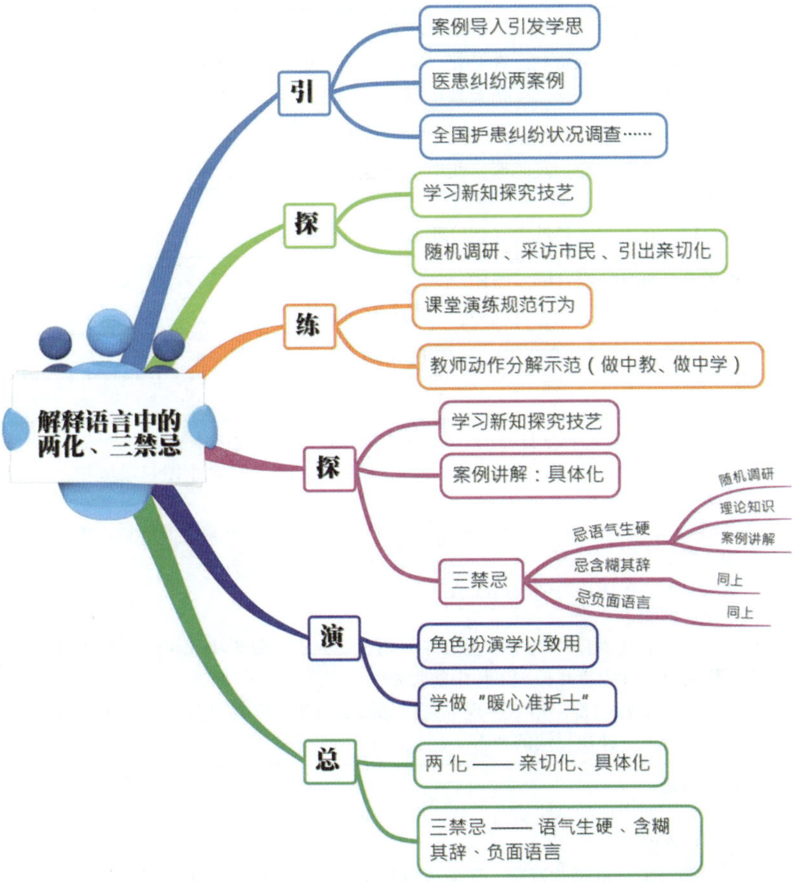

图5-13 《解释语言中的〝两化〞〝三禁忌〞》微课教学设计思维导图

5.5.4 教学设计

《解释语言中的“两化”“三禁忌”》微课的教学设计见表 5-9。

表 5-9 《解释语言中的“两化”“三禁忌”》微课的教学设计

<table>
<tr><th>微课标题</th><th>解释语言中的“两化”“三禁忌”</th><th>所属课程</th><th colspan="2">护理礼仪与人际沟通</th></tr>
<tr><td>所属专业</td><td>护理</td><td>适用对象</td><td colspan="2">二年级学生</td></tr>
<tr><td>所属专业大类</td><td>医药卫生类</td><td>所属专业类</td><td colspan="2">护理</td></tr>
<tr><td>授课教师</td><td>刘晓霞</td><td>所属学校</td><td colspan="2">运城护理职业学院</td></tr>
<tr><td>教学思想与教学设计思路</td><td colspan="4">“护理礼仪与人际沟通”是实践性很强的一门课程，培养学生的实际应用能力是本课程的核心任务。因此，从2009年开始我校对本课程实施以行动为导向的项目教学法。在具体实施过程中发现，在礼仪知识方面，学生运用这种先学后教、先练后讲的模式，通过课前上网、看书、调研等方式收集资料，一看就懂，一学就会，一用就灵，能较好地完成项目任务，学习效果较好。但在人际沟通方面，网络上的知识有欠系统，书籍中的内容偏于理论，学生通过自主收集资料的方式完成项目任务时，难以自己解决的问题较多，由此常常会产生挫败感。教师如果在课堂中用大量的时间去讲授理论，势必减少学生实践练习的时间。而人际沟通课堂实践减少了，学习效果就会大大降低。而微课视频作为学生课前学习的资料，有助于解决教学中的这一矛盾。本次微课设计是与翻转课堂的教学理念相结合，微课可作为学生课前学习的资料</td></tr>
<tr><td>教学背景</td><td colspan="4">据有关调查，解释性语言在临床护理工作中非常重要，但教材中对其描述却非常少。主讲教师通过实地调研及查阅资料，在补充、完善其基本知识的基础上，结合临床护理工作的实际需要进一步丰富其教学内容，并适度拓展其知识面，由此总结出其教学要点“两化”“三禁忌”</td></tr>
<tr><td>教学目标</td><td colspan="4">知识目标：掌握解释性语言的“两化”“三禁忌”
能力目标：使学生在护理临床实践中学会运用解释性语言，做到知行合一、培养学生自主探究学习的能力
态度目标：认识到解释性语言在护理工作中的重要性</td></tr>
<tr><td>教学重点 / 难点</td><td colspan="4">教学重点：解释性语言的“两化”
教学难点：培养学生职业情感意识和人文关怀精神</td></tr>
<tr><td colspan="5">教学设计</td></tr>
<tr><td>教学环节</td><td colspan="3">教学内容</td><td>时间分配</td></tr>
<tr><td>“引”
案例导入
引发学思</td><td colspan="3">案例 1：2014 年 2 月 25 日，南京一家医院的一位患者家属因不满床位安排，在护理人员解释未果的情况下，患者家属情绪冲动，遂动手殴打了医护人员……
案例 2：2014 年 5 月 24 日，安庆某医院一名女患者因不满病情解释，用凶器捅伤了护士……
调查显示：全国护患纠纷状况调查……
【设计意图】
以“护患纠纷”这个社会焦点问题为切入点引发学生思考，让学生意识到解释性语言在护理工作中的重要性。
视频制作以打闹情景再现，配以低沉的音乐，并对画面色调处理为灰色，给人一种视听觉的冲击</td><td>2 分钟</td></tr>
<tr><td>“探”
学习新知
探究技艺</td><td colspan="3">随机调研：
根据对市民的随机调研，总结出做好解释性语言应该做到“两化”。
【设计意图】
播放采访市民的视频，让学生感知当前人们对护理工作的要求，培养学生职业情感意识。
一、“两化”
1. 亲切化　要求：面带微笑
目光注视
身体前倾
【设计意图】
以临床医院要求为例学习亲切化，让学生了解到礼仪在临床护理工作中应用的前沿动态。
教师动作分解示范</td><td>2 分钟</td></tr>
</table>

续表

教学设计		
教学环节	教学内容	时间分配
“探” 学习新知 探究技艺	**【设计意图 1】** 通过“做中教”，使学生直观感受规范要求。 学生动作模仿练习 **【设计意图 2】** 学生在“做中学”，引导学生学习规范优美的动作，掌握本节课的教学重点内容	
“练” 课堂演练 规范行为	教师动作分解示范 **【设计意图 1】** 通过“做中教”，使学生直观感受规范要求。 学生动作模仿练习 **【设计意图 2】** 学生在“做中学”，引导学生学习规范优美的动作，掌握本节课的教学重点内容	1 分钟
“探” 学习新知 探究技艺	2. 具体化 有一位患者需要做抽血化验，一位护士是这样告知其注意事项的。请我们现场的一位同学来完成一下这个环节。 **【设计意图】** 为了避免枯燥的讲解，利用多媒体动画手段呈现案例，模拟创设医院情境，运用特色声效，在吸引学生听觉的同时，也强化对视觉的作用。并配合现场同学的模拟回答，在激发学生学习兴趣的同时，使其能够较好地掌握本节课的教学重点内容。 **二、“三禁忌”** 1. 忌语气生硬 • **随机调研：**采访患者对护理工作的建议。 • **理论知识：**无论遇到什么问题都不能以生硬的语气与患者和家属沟通。 • **案例讲解：**更换病号服的案例。 **【设计意图】** 使理论知识和临床工作案例相结合，加深学生理解所学知识。 2. 忌含糊其辞 • **随机调研：**采访患者对护理工作的建议。 • **理论知识：**遇到自己不熟悉的问题，尤其是关于医疗上的知识，不能用模棱两可的语气随意向患者和家属解释。 3. 忌负面语言 • **随机调研：**采访临床一线的护士长。 • **理论知识：**当患者或家属对我们的工作或医院的条件有不满意见时，我们在向患者作解释时，不要用负面的语言传递负面的感觉。 • **案例讲解：**病房空调故障，患者及家属情绪不满。 设疑：“护士长为什么不这样说？” **【设计意图】** 通过“呈现案例—设疑—总结”的方式，用启发性和指向性的问题设疑，引起学生思考，从而达到例、疑、理的有机统一	2 分钟
“演” 角色扮演 学以致用	学做“暖心准护士” **情景设置：** 患者王某，女，63 岁，农民，胆囊结石术后，护士为其做静脉输液后的嘱咐…… **【设计意图】** 创设临床工作情景，编写剧情，拍摄短片，通过现场同学角色扮演回答问题，缩短了课堂与临床工作的距离，试图以此突破教学难点	1 分钟
“总” 总结归纳 巩固知识	两 化 ——亲切化、具体化 三禁忌 ——语气生硬、含糊其辞、负面语言 **【设计意图】** 通过对学做“暖心准护士”环节之模拟回答的精心点评，将本节课知识点进行总结归纳。 **特点：**形象生动，便于记忆	30 秒

5.5.5 开发方式

本微课利用摄像机拍摄教师授课过程，结合了虚拟抠像的方式，对视频进行简单的后期制作，并进行必要的编辑和美化。

5.5.6 作者感悟

我的感悟的名字为“困于心 衡于虑 而后作——品味微课教学之道”。

回望制作微课的参赛历程，内心有太多的感触，有“山重水复疑无路”的困惑与思虑的阻塞，又有“柳暗花明又一村”的意外与惊喜，有赛前的紧张忙碌，又有赛后的反思与释然，“艰难困苦玉汝于成”，这条微课之路，不亚于一次灵魂的涤荡。

一、众里寻她千百度——何谓微课？

第一次听到“微课”一词，不识庐山真面目。于是在网上“众里寻她千百度”地苦苦搜索，发现对于“微课”这一新生课程的定义可谓百家争鸣，总的认识是微课虽“微”，但却“麻雀虽小五脏俱全”，即虽然主题小、容量小、时间短，但教学的基本环节不能少。带着这仅知的一点点认识，我便开始了第一次微课的制作。

二、山重水复疑无路——这是浓缩版的示范课还是微课？

第一次采用在理实一体化教室录制，录出来的感觉像是课堂实录，差强人意。首先，颜值不高，教室墙面有各种管道和制度牌显得非常凌乱；其次，形式单一，教学过程就只是“讲—练—情景模拟”比较枯燥；再者，时间过长，课程录制时间为 14 分钟 58 秒，自己都没有耐心看完。于是，自己就如病急乱投医，四处向高年资的教师请教，可是大家都没有接触过微课，也不能给出什么建议。处于思虑阻塞的我，束手无策，就试着把视频播放给学生观看，没想到学生看完后的一句话“感觉老师不是给我们上课，是给片子里学生上课”一下子点醒了我。于是，我开始反思：这是“浓缩版的示范课”还是“微课”？是给老师看还是给学生看？

三、柳暗花明又一村——微课，教师与媒体如何联姻？

有了第一次急于求成的教训，我开始静心思考制作微课的目的是什么？要达到什么样的效果？要如何应用？查阅了国内外一些微课、慕课 MOOCs 资料，才渐渐明晰了微课实际应用的目的。我想，如果说“微课”是教师与媒体的一次联姻，那该如何联姻？能否借以电视节目的形式呈现，注重音效、画面、情节，来提高学生们课外自学的积极性？

想到了就去做。首先，我想改变的就是如何提高颜值，我理想中的方式是类似“TED 式演讲”的“大屏幕+演讲人”。于是，我就去电视台找场地，结果收费太高，无力承担。向专业人士请教后，了解到一种叫“抠像”的电视制作手法——在一间只有二十多平方米的房间里，挂了一个干净、单纯、均匀的绿色背景，录制完后抠去绿色背景，加入“虚拟演播室”，就完美地实现了理想的效果。

其次，想要改变单一的形式，我将教学分为几个环节，每个环节用不同方式呈现。第一个环节是“引——案例导入，引发学思”，将第一次制作时单纯的“案例讲述导入”改为“新闻播报”的形式，视频制作以更加有冲击力的医闹情景再现，配以低沉的音乐，并将画面色调处理为灰色，期冀以震撼的视、听觉的冲击，将学生分分钟带入本次课程的主题。第二个环节是“探——学习新知，探究技艺”，以“新闻采访调查”的形式引出教学知识点，第一次录制时随机采访，结果采访对象语言啰嗦、不能一针见血地说出和本次课题相关的内容、方言过重，效果不佳，于是又进行了第二次录制，由于接近比赛最后截止日期，所以采用比较快捷的方式，招募类似标准化病人的形式，事先安排好再进行采访，呈现出的结果也不尽如人意，没有真实感，表演化过重，这也是今后我在教学工作中值得探究的课题。另外，在讲授新知的过程中我还采用了一种交互式动画设计，“真实场景”与“动画＋音效”交互出现，寓教于乐，让枯燥的讲解变得生动活泼。第三个环节是“演——角色扮演，学以致用”，这一环节又进行了几次尝试：第一次是以课堂实录“情境模拟”的方式呈现，出来的效果就如学生所说“是给视频里的学生在讲”；于是又进行了第二次，带着学生进入病房内实地讲解，所呈现的效果类似见习课的课堂实录，依然没有和视频前的学生直接交流的感觉；我就想能不能运用类似“微电影”的制作形式呈现？然后，开始编剧情、写脚本，由于没有这方面的学习经验，最后的效果仍然显得有些生硬，但却有了和视频前的学生直接交流的感觉。今后我会多涉猎一些电视制作与编导方面的知识，以便制作出既有知识内涵又不失审美享受、既有学习收获又不失学习乐趣的精美微课。

感谢大赛给了我如此真实的感悟和收获，感谢大赛有了这样一个平台，使我可以结识这么多优秀的教师，见识到更多的精彩微课作品，那变换多样的教学形式，或大开大合，或纳与心绪，或奔腾汹涌，或涓涓流淌，林林总总，蔚为大观，无不让人耳目一新！

愿微课的天空更加绚烂，愿交流的平台更加畅通，愿博弈彰显更佳风采！

5.6 十分钟教会你建筑速写一点透视

5.6.1 微课展示

本例是成都纺织高等专科学校曹琳羚老师制作的微课《十分钟教会你建筑速写一点透视》（第二届全国高校微课教学比赛（高职高专组）一等奖作品），如图 5-14 所示。

微课视频浏览网址 http://210.29.224.35/wk/6.html。

(a) 微课封面

(b) 条码扫描 在线预览

图5-14 微课作品《十分钟教会你建筑速学一点透视》界面

微课视频以及教学设计在素材文件夹中也可以浏览。

5.6.2 专家评价

决赛评审专家 1 评价：选题合理，教学目标明确，内容丰富，教学过程完整，讲述层次清楚。

决赛评审专家2评价：材料完整，选题合理，教学目标明确，讲述分析层次清晰，教学效果良好。

5.6.3 思维导图设计

《十分钟教会你建筑速写一点透视》微课教学设计思维导图如图5-15所示。

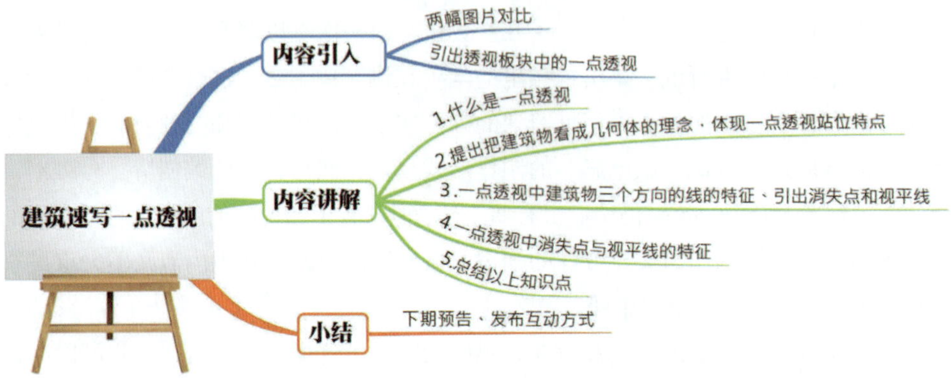

图5-15 《十分钟教会你建筑速写一点透视》微课教学设计思维导图

5.6.4 教学设计

《十分钟教会你建筑速写一点透视》微课的教学设计见表5-10。

表5-10 《十分钟教会你建筑速写一点透视》微课的教学设计

微课标题	十分钟教会你建筑速写一点透视	所属课程	设计思维与表达
所属专业	装饰艺术设计	适用对象	所有建筑速写初学者
所属专业大类	艺术类	所属专业类	装饰艺术设计
授课教师	曹琳羚	所属学校	成都纺织高等专科学校
教学思想与教学设计思路	①一点透视原理是透视的基础，但是要系统地讲解透视原理，光符号和专业术语就一大堆，因此第一次接触该知识点的人会感觉很困难。 ②这次视频的宗旨是将英文代码直接用直观易懂的中文表示，尽量将所需知识精简到画建筑速写一点透视时够用即可。 ③运用简单易懂的语言、形象的模型展示使初学者甚至毫无绘画基础的人都能轻松理解什么是一点透视，直观地了解一点透视的特点与画法。 ④对下节内容进行预告，以便观看者提前准备后期课程的练习。 ⑤还为学习者提供百度贴吧等交流平台，以供展示学习成果并进行讨论。 ⑥接地气的、幽默的语言与语气（还有字幕吐槽）使年轻人更容易接受		
教学背景	画建筑速写时，一点透视是一项最基础也是最重要的知识点。只有掌握了这个知识点才能使画面拥有正确的骨架，否则画面表达再精彩也是于事无补。 可惜现在好多人学习场景类绘画，更看重画面表现而忘了这一项内在的、基础的部分。也有可能是大多数人由于在学习透视时感到过于困难、无法理解，所以产生的恐惧心理一直无法抹去		
教学目标	①养成将建筑物看做是几何体的思维习惯 ②熟练掌握"纵向线"、"横向线"、"高"这三个方向的线在一点透视中的特征 ③明白消失点在视频线上的现象与条件 ④明白视平线与画面的关系、与视点的关系		
教学重点/难点	**教学重点：**建筑物上的三个方向的线、消失点、视平线之间的关系 **教学难点：**养成将建筑物看做是几何体的思维习惯		

续表

教学设计		
教学环节	教学内容	时间分配
内容引入	 **设计目的：**给出对比图片提出现有状态引起共鸣；明确提出决定一幅画的好坏取决于哪些方面，让学习者心中有数，引出透视板块中的一点透视 **教学资源：**图片	1 分钟
内容讲解	**第一部分内容：**什么是一点透视给出大致印象。 **一点透视是什么样的？**  **第二部分内容：** ①提出把建筑物看成几何体的理念，引出三个方向的线。 ②一点透视站位特点。 **A:观察者平视前方（不仰视、不俯视）** **B:人的视线垂直于一条平面的边** 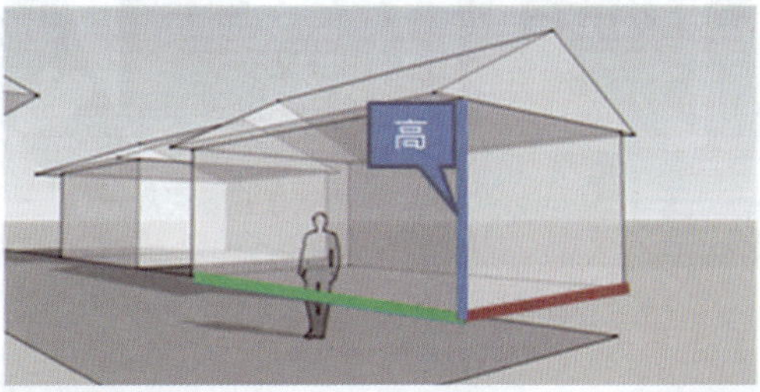 **第三部分内容：**一点透视中建筑物三个方向的线的特征、引出消失点和视平线。 	4～5 分钟

续表

教学设计		
教学环节	教学内容	时间分配
内容讲解	**第四部分内容：**一点透视中消失点与视平线的特征。 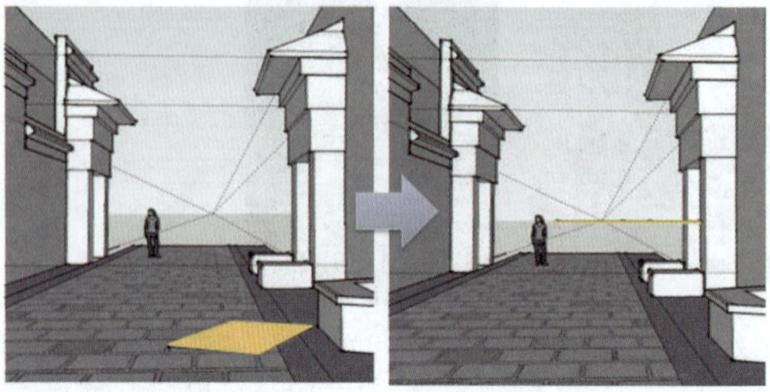 **第五部分内容：**总结以上知识点	4～5 分钟
教学小结	下期预告、发布互动方式	1 分钟

5.6.5 开发方式

本微课利用摄像机拍摄教师授课过程，结合了动画演示的方式，对视频进行简单的后期制作，并进行必要的编辑和美化。

视频拍摄示意图如图 5-16 所示。

图5-16 视频拍摄示意图

5.6.6 作者感悟

《十分钟教会你建筑速写一点透视》微课获得第二届全国高校微课教学比赛（高职高专组）一等奖确实让我非常意外，当我得知我校作品中只有我一人的作品通过四川省复赛时已是十分诧异，更别说获得全国一等奖了。我只是一名普通的青年教师，从来没有在国家级比赛中获得过任何奖项，也从来没想过获奖。

参加这次比赛只是为了借此机会实现我多年来的一个计划——尝试录一个简单易懂的教学视频给学生。因为每次带学生外出写生都有很多我没有教过的学生让我给他们讲解作业，当我看到他们的作业连最基本的透视关系都不对时真的很焦急又心塞，这样的学生太多了，写生时教学条件有限，不可能再将所有学生聚集起来从头讲一遍，这时就特别需要一个简明扼要专门针对学生在建筑速写写生时出现的问题的教学视频。因此我只是认真做好可以让我省点心也能让学生受益的事情。

参加这次比赛首先要感谢我的爱人高汉君为我奔走解决我所有的技术及设备问题，充当不知疲倦的司机同志；感谢后期制作小哥冯乙（青年才俊前途不可估量）；还要感谢建筑学院的杨院长、张院长、两位王书记对我的各种支持；感谢成都纺织高等专科学校夏校长对本次比赛的重视，鼓励教师积极参与。

Chapter 6

系列微课教学设计案例分析

6.1 《大学生心理健康教育》系列微课设计案例分析

6.1.1 课程介绍

《大学生心理健康教育》是一门面向全院学生开设的公共选修课。本门课程介绍心理健康知识，使大学生能够正确认识自我和环境，树立心理健康意识和心理保健意识；传授心理调适的方法，有效消除心理困惑，提高受挫能力和适应能力；解析心理异常现象，使大学生了解常见心理问题产生的原因及主要表现，以科学的态度对待各种心理问题。

6.1.2 课程规划表

“大学生心理健康教育”系列微课建设的规划见表 6-1。

表 6-1 系列微课建设的规划表

系列微课主题	大学生心理健康教育
选题分析	请谈谈为什么你认为这个主题适合开系列微课？这个话题吸引人吗？这个主题有没有类似的已经上线的系列微课？如果有，您打算建设的系列微课和这些已有的课程有什么不同？ 近年来，大学生心理健康水平呈多元化、复杂化发展态势，为了进一步引导学生明确心理健康的标准及意义，增强自我心理保健意识和心理危机预防意识，突出心理教育的趣味性和实效性，为此开设《大学生心理健康》系列微课，旨在使学生掌握并应用心理健康知识，培养自我认知能力、人际沟通能力、自我调节能力，切实提高心理素质，促进学生全面发展
对学习者的要求	你希望什么样的学习者来选课，比如需要具备哪些知识基础，需要具备什么实践经验等等。你的系列微课需要做出什么样的时间投入承诺，如必须按时交作业吗？ 希望通过学习能够对自己心理状况和行为能力进行客观评价的大学生，希望能够正确认识自己、接纳自己的大学生，希望学生能够积极学习如何探索自己以及适应社会生活

续表

系列微课主题	大学生心理健康教育
教学目标	您希望学习者完成课程后学到什么知识、具备什么能力？计划如何帮助学习者清楚课程的目标？ 希望学生学习完本课程后，了解心理学的有关理论和基本概念，能树立心理健康发展的自主意识，了解自身的心理特点和性格特征，掌握自我探索技能，心理调适技能及心理发展技能，正确认识自己、接纳自己，在遇到心理问题时能够科学进行自我调适
课程评价设计	计划怎样衡量学习者的学习目标是否达成？学习者需要达成什么要求才能获得课程学分？ 学习者能够对自己的身体条件、心理状况、行为能力等进行客观评价。完成论文一篇，论文内容从心理学知识、技能、体验三个层面全面论述，结合自身实际
教学设计	计划分几周进行，每周的教学安排是什么？这样的安排和传统教学相比，有什么改动吗？变动的理由？ 本系列微课开设 12 周。 第 1 周 认识心理健康教育 第 2 周 接受心理咨询 第 3 周 新生适应心理与调适 第 4 周 学习心理与调适 第 5 周 情绪心理与调适 第 6 周 自我意识与完善 第 7 周 人际交往心理与调适 第 8 周 恋爱心理与调适 第 9 周 挫折心理与应对 第 10 周 创造力的培养 第 11 周 网络心理健康与调适 第 12 周 职业生涯规划与择业心理
讨论活动设计	谈谈你对课程论坛的定位，你只打算让社区作为答疑解惑的地方，还是会有其他功用？在引导学生讨论方面，你有什么考虑？你计划如何参与学生的讨论？ 课程论坛的定位主要解决学生对心理学知识的更深度认知和更广泛应用。针对学生提出的常见心理困扰做出科学解释，并探讨更恰当、更积极的应对策略
团队成员及分工描述	课程团队中有哪些人？团队中每个人的工作任务是什么（如授课教师、助教、教学和课程制作支持人员）？ 陈云子：主要完成优质课程资源的选择、项目策划、教学设计指导、技术指导、综合包装与设计、资源的整合推广应用等。负责讲解认识心理健康教育、接受心理咨询、新生适应心理与调适、学习心理与调适。 袁海燕：负责讲解情绪心理与调适、自我意识与完善、人际交往心理与调适、恋爱心理与调适 段莹：负责讲解挫折心理与应对、创造力的培养、网络心理健康与调适、职业生涯规划与择业心理。 徐璇：负责讲解挫折心理与应对、创造力的培养、网络心理健康与调适、职业生涯规划与择业心理。 宋存霞：负责视频的拍摄、编辑与格式转换
宣传策略	计划采取哪些宣传手段来宣传课程？您认为哪些信息对于课程宣传最重要？ 通过院系微博、微信公众平台、辅导员班主任群推广宣传
困难与挑战	对于建设系列微课，你最大的挑战可能是什么？你计划如何解决？你希望获得什么样的帮助？ ① 如何将枯燥乏味的心理学知识贯穿于微课教育教学过程中。 ② 如何确立学生学习效果评价方式与反馈机制。 解决方案： 深入研究系列微课设计开发技术，倾听学生线下反馈，有针对性地修改提升系列微课制作

6.1.3 课程知识树构建案例

《大学生心理健康教育》系列微课内容的分析见表 6-2。

表 6-2 系列微课内容的分析表

课程名称	大学生心理健康教育		
章名（任务、单元、项目）	节名（子任务、子项目）	知识点（微课与知识点对应）	适合的微课视频形式
专题①：认识心理健康教育	1.1 正确认识心理健康	微课 1-1：什么是心理健康？	PPT 动画录屏
	1.2 大学生常见的心理矛盾	微课 1-2：矛与盾	二维动画
	1.3 大学生心理健康问题的对策	微课 1-3：大学生心理健康问题的对策	讲坛
专题②：接受心理咨询	2.1 正确认识心理咨询	微课 2-1：什么是心理咨询	录屏
		微课 2-2：信任与爱	动画
	2.2 大学生如何接受心理咨询	微课 2-3：心理测试告诉你	录屏
		微课 2-4：心理咨询的准备	录屏
专题③：新生适应心理与调适	3.1 什么是适应	微课 3-1：相似圈	实拍
		微课 3-2：心理咨询知多少	录屏
	3.2 大学新生常见心理问题及调适	微课 3-3：用心适应	实拍
		微课 3-4：积极面对适应	录屏
专题④：学习心理与调适	4.1 什么是学习	微课 4-1：什么是学习	讲坛
	4.2 学习与大学生心理健康的关系	微课 4-2：条件反射与试误	二维动画
	4.3 大学生常见学习心理问题及调适	微课 4-3：大学生学习活动的特点	录屏
		微课 4-4：影响学习的因素	录屏
		微课 4-5：我的学习动机	录屏
专题⑤：情绪心理与调适	5.1 情绪概述	微课 5-1：情绪是什么？	录屏
		微课 5-2：为什么我有负面情绪？	录屏
	5.2 大学生常见情绪问题及调试	微课 5-3：我的情绪我做主	录屏
		微课 5-4：放松疗法	实拍
专题⑥：自我意识与完善	6.1 自我意识概述	微课 6-1：什么是“自我意识”	录屏
		微课 6-2：完善的“自我意识”	录屏
	6.2 大学生自我意识的偏差及调适	微课 6-3：常见的自我意识偏差	录屏
	6.3 大学生人格	微课 6-4：独特的“气质”	二维动画
		微课 6-5：奇妙的性格	二维动画

续表

课程名称	大学生心理健康教育		
专题⑦：人际交往心理与调适	7.1 人际交往概述	微课 7-1：人际交往 必不可少	录屏
	7.2 人际交往的原则与技巧	微课 7-2：人际交往的黄金法则	录屏
	7.3 大学生人际交往中的常见问题及调适	微课 7-3：人际交往中的仰巴脚效应	讲坛
		微课 7-4：人际交往中的心理障碍	录屏
		微课 7-5：人际交往中的肢体语言艺术	实拍
专题⑧：恋爱心理与调适	8.1 恋爱与性心理特点	微课 8-1：爱情解析	录屏
		微课 8-2：大学生恋爱误区	录屏
	8.2 大学生如何正确发展恋爱与性心理	微课 8-3：爱的学习	录屏
		微课 8-4：健康恋爱心理与行为	讲坛
专题⑨：挫折心理与应对	9.1 正确认识挫折	微课 9-1：挫折是一把双刃剑	讲坛
	9.2 挫折的心理防御机制	微课 9-2：直面挫折	录屏
	9.3 大学生挫折承受力的培养	微课 9-3：人生曲线	实拍
		微课 9-4：从容面对挫折	录屏
专题⑩：创造力的培养	10.1 什么是创造力	微课 10-1：思维与创造力	录屏
	10.2 大学生创造性人格的培养	微课 10-2：灵感来自何方	录屏
		微课 10-3：头脑风暴体验	实拍
专题⑪：网络心理健康与调适	11.1 互联网的发展现状与特点	微课 11-1：互联网发展现状及特点	录屏
	11.2 大学生网络心理特点	微课 11-2：网络依恋与网络孤独	录屏
	11.3 大学生的网络心理障碍及其调适	微课 11-3：如何克服网络依赖	录屏
专题⑫：职业生涯规划与择业心理	12.1 职业生涯概述	微课 12-1：我的职业我做主	讲坛
		微课 12-2：职业生涯规划设计	录屏
	12.2 大学生职业生涯选择中的心理误区	微课 12-3：找工作，你准备好了吗？	录屏
	12.3 大学生求职应保持的心态	微课 12-4：正视现实 学会竞争	录屏

6.1.4 微课视频展示

1. 微课展示

本例为专题 5：情绪心理与调适的第 3 节微课《我的情绪我做主》，如图 6-1 所示。

微课视频浏览网址 http://210.29.224.35/wk/7.html。

(a)微课封面　　(b)条码扫描 在线预览

图6-1　微课作品《我的情绪我做主》界面

2. 微课的教学设计

本节微课的教学设计见表 6-3。

表 6-3 《我的情绪我做主》微课的教学设计

微课标题	我的情绪我做主	所属课程	大学生心理健康教育
所属专业	心理学	适用对象	全院学生
所属专业大类	心理学	所属专业类	心理学
授课教师	陈云子	所属学校	淮安信息职业技术学院
教学思想与教学设计思路	本微课首先由药家鑫案引发学生反思大学生消极情绪的危害，再通过狐狸与葡萄的动画阐述心理学重要理论——ABC 理论，使学生了解情绪是由外界刺激和内心认知共同作用产生的。再通过情景体验使学生在角色扮演中体会负面情绪的产生，引导学生对自己的情绪状况、行为能力等进行客观评价，得出调整内心认知对于情绪影响的重要性。接着通过校园采访视频引发学生共鸣，达到良好效果。最后介绍呼吸减压法，创设轻松有趣和谐的学习氛围，引导学生正确认识自己、接纳自己，在遇到情绪问题时能够进行自我调适，积极探索适合自己并适应社会的生活状态		
教学背景	本微课是根据《大学生心理健康教育》专题 5：情绪心理与调适——高职生情绪与调节而设计，该知识点内容贴近学生日常生活，易于学生理解，容易引发共鸣。在教学中，不仅要让学生掌握心理学理论知识，提高自我认知的能力，还应培养学生运用所学心理学知识理论联系实际，能够正确认知常见情绪对自身行为的影响，树立起科学调适自我的信心		
教学目标	①使学生掌握心理学 ABC 理论。 ②使学生掌握改变认知情绪调适法。 ③使学生掌握呼吸加压情绪调适法		
教学重、难点	**教学重点：** 改变认知法 **教学难点：** ABC 理论		

续表

教学设计		
教学环节	教学内容	时间分配
1. 问题引入	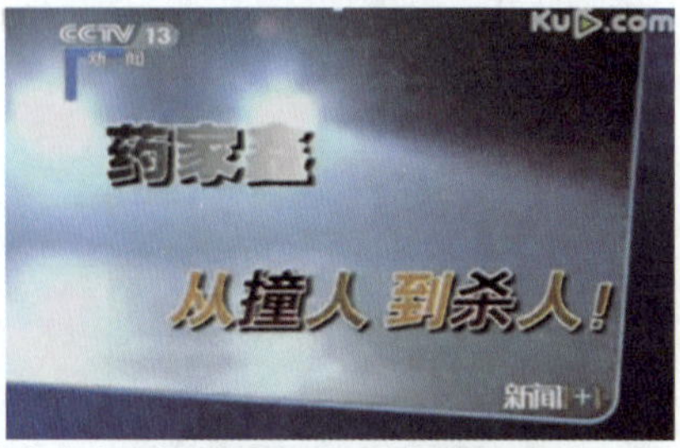 **设计目的：**通过药家鑫案进行问题引入，引发学生反思 **教学方法与手段：**引导启发法 **教学资源：**视频	约 2 分钟
2. 原理讲解	 **设计目的：**引用《狐狸与葡萄》的故事阐述 ABC 理论以及内心认知的重要性 **教学方法与手段：**动画演示 **教学资源：**幻灯片动画	约 1.5 分钟
3. 情景体验	 **设计目的：**通过情景体验使学生在角色扮演中体会负面情绪的产生和消除的过程 **教学方法与手段：**Flash 演示、情景体验 **教学资源：**Flash 动画	约 3 分钟
	 **设计目的：**通过校园采访使学生有针对性地认识常见不合理认知 **教学方法与手段：**引导启发 **教学资源：**视频采访	约 3 分钟

续表

教学过程设计		
教学环节	教学内容	时间分配
4. 呼吸演示	 **设计目的：**教授学生呼吸减压的步骤及要领 **教学方法与手段：**演示讲解 **教学资源：**幻灯片、视频	**约 1 分钟**
5. 知识总结	**调试情绪的方法：**改变认知法、呼吸减压法	**约 20 秒**

6.2 《C语言程序设计》系列微课设计案例分析

6.2.1 课程介绍

《C 语言程序设计》是高等院校计算机专业及相关专业重要的专业基础课，其目的是培养学生的程序设计理念、掌握程序设计的基本方法，为后续课程打下坚实的基础。学会本课程，将建立程序设计的基本概念，掌握 C 语言的语法、程序设计的基本方法和技巧，掌握常用的算法和结构化程序设计方法，熟练使用 C 语言的一种开发环境，具备初步的程序设计和调试能力。

6.2.2 课程规划表

《C 语言程序设计》系列微课建设的规划见表 6-4。

表 6-4 系列微课建设的规划表

系列微课主题	C 语言程序设计
选题分析	请谈谈为什么你认为这个主题适合开系列微课？这个话题吸引人吗？这个主题有没有类似的已经上线的系列微课？如果有，您打算建设的系列微课和这些已有的课程有什么不同？ 针对当前的高职教育，本课程是软件技术、网络技术、计算机应用技术等计算机专业的一门专业基础课程，也是其他相关专业研究计算机控制以及嵌入式技术等的一门基础和工具课程。特别是为后续课程学习做准备。本科慕课平台存在类似的系列微课，但不适合高职学生使用，教学设计及视频制作不够理想，本人打算针对高职学生将系列微课碎片化，教学设计更加详细，将抽象、枯燥的知识通过动画、视频资源形象地展示给学生，并为每一节微课配套相应测试题目

1 2 3 4 5 6

续表

系列微课主题	C 语言程序设计
对学习者的要求	你希望什么样的学习者来选课，比如需要具备哪些知识基础，需要具备什么实践经验等。你的系列微课需要做出什么样的时间投入承诺，如必须按时交作业吗？ 从宏观上讲，学习者可以是初学者，也可以是重新学习者。从微观上讲，希望是基础较好的学生学习，其中包括 3+2 班级的学生、各个创新小组、参加大赛学生，然后慢慢延伸到所有同学。另外，学习者要有计算机或者手机，尽量保证能够上网，学生学习一节微课后要在规定时间内完成相应测试题目，并且及格后才可以继续学习下一节微课。素质方面需要学习者要有主动积极的学习态度和刻苦学习的精神
教学目标	您希望学习者完成课程后学到什么知识、具备什么能力？计划如何帮助学习者清楚课程的目标？ **知识目标：** ①理解模块化、结构化程序设计思想。 ②掌握 C 语言的数据类型、语句格式、函数结构等基本内容。 ③熟悉 C 语言的环境和常规调试方法。 **能力目标：** ①能用 C 语言进行结构化的程序设计。 ②解决一些简单的应用问题。 ③以此为工具进一步研究一些控制手段和控制技术。 **计划手段：**每节微课确定学习目标，在讲解过程中可以适当提醒学习者知识的实际应用，需要达到的技术水平
课程评价设计	计划怎样衡量学习者的学习目标是否达成？学习者需要达成什么要求才能获得课程学分？ 采用课下和课上双重考核方法，在课下，学习者学习每节微课后，采用题目测试考核，达到某个要求加相应的分数，将每节课后的测试分数保存；在课上，采用提问式考核，根据小组回答情况加相应的分数，学期结束，将两方面分数相加，满足课程考核要求可以获得课程学分
教学设计	计划分几周进行，每周的教学安排是什么？这样的安排和传统教学相比，有什么改动吗？变动的理由？ 本系列微课共开设 12 周 **第 1 周：** 微课 1-1：C 语言的发展史及特点、微课 1-2：C 程序的基本结构、微课 1-3：VC++6.0 开发环境及操作步骤。 **第 2 周：** 微课 2-1：数据类型及变量、微课 2-2：常量与符号常量、微课 2-3：数据类型转换 微课 2-4-1：算术运算符与表达式、微课 2-4-2：赋值、逗号运算符与表达式。 **第 3 周：** 微课 3-1：算法与流程图、微课 4-1：简单语句分析、微课 4-2：格式化输入与输出函数、微课 4-3：字符输入与输出函数。 **第 4 周：** 微课 5-1：条件判断表达式、微课 5-2：单分支选择结构、微课 5-3：双分支选择结构、微课 5-4-1：if 多分支选择结构、微课 5-4-2：switch 多分支选择结构。 **第 5 周：** 微课 6-1：简单循环语句、微课 6-3：break 和 continue 语句、微课 6-4：循环嵌套结构。 **第 6 周：** 微课 7-1-1：一维数组定义及应用、微课 7-1-2：冒泡排序法、微课 7-2：字符串定义及应用、微课 7-3：二维数组定义及应用。 **第 7 周：** 微课 8-1：函数概述、微课 8-2：简单函数介绍、微课 8-4：函数嵌套与递归调用。

续表

系列微课主题	C 语言程序设计
教学设计	**第 8 周：** 微课 8-5：数组作为函数参数、微课 8-6：变量存储类别及作用域、微课 8-7：内部函数与外部函数。 **第 9 周：** 微课 9-1：宏定义的分类及使用、微课 9-2：文件包含与条件编译、微课 10-1：指针与指针变量、微课 10-2：指针变量的赋值和引用。 **第 10 周：** 微课 10-3：指向数组的指针变量、微课 10-4：指向字符串的指针变量、微课 10-5：指针作为函数参数、微课 11-1-1：结构体类型与结构体变量、微课 11-1-2：结构体数组。 **第 11 周：** 微课 11-2：共用体、微课 11-3：枚举类型、微课 11-4：类型定义符 typedef、微课 11-5：动态存储与链表。 **第 12 周：** 微课 12-1：位运算符及其表达式、微课 13-1：文件的打开与关闭、微课 13-2：文件的读写操作。 《C 语言程序设计》课程适合时间集中学习方式，学员开始适应在线学习微课后，授课进度逐渐加快。学员如果采用单一的网络在线学习模式，那么在适当阶段要参与重难点知识或者热点知识讨论区，巩固和加深对知识点的理解，如果学校教学采用翻转课堂模式，那么要在传统的课堂中增加 20 ～ 30 课时进行知识的答疑解惑，更加有利于学员学习效果
讨论活动设计	谈谈你对课程论坛的定位，你只打算让社区作为答疑解惑的地方，还是会有其他功用？在引导学生讨论方面，你有什么考虑？你计划如何参与学生的讨论？ 课程论坛的定位主要解决学生对知识的理解程度，及时回答学习者提出的问题，并收集好的建议，也有利于微课视频的二次开发。引导学生讨论方面可以让老师和学生在每节微课后面提出一些热点主题，吸引学习者主动参与论坛。我会定期参与学生的讨论，给予耐心的答疑，并主动提出重点和难点的相关知识主题，吸引大家讨论，同时我也会邀请 1 或 2 名教师和优秀的学生参与讨论，更加有利于论坛的可行性和有效性
你的团队成员及分工描述	课程团队中有哪些人？团队中每个人的工作任务是什么（如授课教师、助教、教学和课程制作支持人员）？ 李刚：负责总体项目策划、系列微课知识点拆分、教学设计指导、讲解课程中涉及的重难点知识、资源的整合推广应用等。 章万静：负责讲解课程中的基础知识部分，包括 C 语言的发展史、常量与变量、算法与流程图、数组等。 邢海霞：负责讲解课程中的知识应用部分，包括指针、结构体、位运算文件等。 刘万辉：负责微课开发技术指导、教学设计指导和其他优质资源收集与设计。 钱秉江：负责图片、动画和视频的编辑与处理。
宣传策略	计划采取哪些宣传手段来宣传课程？您认为哪些信息对于课程宣传最重要？ 校外：通过国内有影响力的在线课程平台宣传，例如，爱课程、智慧职教、北大 MOOC 等平台，也可以通过微信公众平台、各大专业 QQ 群。 校内：通过学校网站、院系微博、校内各 QQ 群、课程组人员推广宣传
困难与挑战	对于建设系列微课，你最大的挑战可能是什么？你计划如何解决？你希望获得什么样的帮助？ 困难与挑战： ①如何将抽象的、枯燥的、乏味的 C 语言知识通过碎片化的资源形象化地展示给学员。 ②如果高效地开发完成实例图片、实例动画、实例视频。 ③如何确立学生学习效果评价方式与反馈机制。 ④如何确定讨论区的热点问题，较好地进行答疑解惑。

续表

系列微课主题	C 语言程序设计
困难与挑战	解决方案： ①课程组充分讨论形成每个知识点（微课）的教学设计。 ②建立微课制作与开发小组，由专人负责管理，高效的完成微课所涉及的图片、动画和视频开发。 ③通过对多种层次的高职院校进行调研，形成较好的学习效果评价方式与反馈机制。 ④通过邀请有授课经验的教授和一线优秀教师讨论确定热点问题

6.2.3 课程知识树构建案例

"C 语言程序设计"系列微课内容的分析见表 6-5。

表 6-5 系列微课内容的分析表

课程名称	C 语言程序设计		
章名（任务、单元、项目）	节名（子任务、子项目）	知识点（微课与知识点对应）	微课视频形式
第 1 章：C 语言概述	1.1 C 语言的发展史及特点	微课 1-1：C 语言的发展史及特点	Prezi 模式
	1.2 简单的 C 语言程序	微课 1-2：C 程序的基本结构	实录模式
	1.3 C 程序的开发过程 1.4 VC++6.0 开发环境	微课 1-3：VC++6.0 开发环境及操作步骤	画中画模式
第 2 章：C 语言数据与运算	2.1 C 语言数据类型	微课 2-1：数据类型及变量	画中画模式
	2.2 常量与变量	微课 2-1：数据类型及变量	画中画模式
		微课 2-2：常量与符号常量	画中画模式
	2.3 数据类型转换	微课 2-3：数据类型转换	Prezi 模式
	2.4 运算符与表达式	微课 2-4-1：算术运算符与表达式	Prezi 模式
		微课 2-4-2：赋值、逗号运算符与表达式	Prezi 模式
第 3 章：算法与流程图	3.1 算法定义及特征 3.2 流程图表示法 3.3 程序设计结构	微课 3-1：算法与流程图	可汗学院模式
第 4 章：顺序结构程序设计	4.1 简单语句分析	微课 4-1：简单语句分析	画中画模式
	4.2 格式化输入与输出	微课 4-2：格式化输入与输出函数	画中画模式
	4.3 字符输入与输出	微课 4-3：字符输入与输出函数	画中画模式
第 5 章：选择结构程序设计	5.1 条件判断表达式	微课 5-1：条件判断表达式	prezi 模式
	5.2 单分支结构	微课 5-2：单分支选择结构	画中画模式
	5.3 双分支结构	微课 5-3：双分支选择结构	画中画模式
	5.4 多分支结构	微课 5-4-1：if 多分支选择结构	画中画模式
		微课 5-4-2：switch 多分支选择结构	画中画模式

续表

课程名称	C 语言程序设计		
第 6 章：循环结构程序设计	6.1 while 和 do while 语句	微课 6-1：简单循环语句	画中画模式
	6.2 for 语句		
	6.3 break 和 continue 语句	微课 6-3：break 和 continue 语句	画中画模式
	6.4 循环嵌套	微课 6-4：循环嵌套结构	画中画模式
第 7 章：数组	7.1 一维数组	微课 7-1-1：一维数组定义及应用	画中画模式
		微课 7-1-2：冒泡排序法	画中画模式
	7.2 字符数组	微课 7-2：字符串定义及应用	画中画模式
	7.3 二维数组	微课 7-3：二维数组定义及应用	画中画模式
第 8 章：函数	8.1 函数概述	微课 8-1：函数概述	prezi 模式
	8.2 函数定义	微课 8-2：简单函数介绍	画中画模式
	8.3 函数的一般调用方式		
	8.4 函数的特殊调用方式	微课 8-4：函数嵌套与递归调用	画中画模式
	8.5 数组作为函数参数	微课 8-5：数组作为函数参数	画中画模式
	8.6 变量存储类别及作用域	微课 8-6：变量存储类别及作用域	画中画模式
	8.7 内部函数与外部函数	微课 8-7：内部函数与外部函数	画中画模式
第 9 章：编译预处理	9.1 宏定义	微课 9-1：宏定义的分类及使用	画中画模式
	9.2 文件包含	微课 9-2：文件包含与条件编译	画中画模式
	9.3 条件编译		
第 10 章：指针	10.1 指针概念及引用	微课 10-1：指针与指针变量	画中画模式
	10.2 变量的指针和指向变量的指针变量	微课 10-2：指针变量的赋值和引用	画中画模式
	10.3 数组指针和指向数组的指针变量	微课 10-3：指向数组的指针变量	画中画模式
	10.4 字符串指针和指向字符串的指针变量	微课 10-4：指向字符串的指针变量	画中画模式
	10.5 指针作为函数参数	微课 10-5：指针作为函数参数	画中画模式
第 11 章：构造类型	11.1 结构体	微课 11-1-1：结构体类型与结构体变量	画中画模式
		微课 11-1-2：结构体数组	画中画模式
	11.2 共用体	微课 11-2：共用体	画中画模式
	11.3 枚举类型	微课 11-3：枚举类型	画中画模式
	11.4 类型定义符 typedef	微课 11-4：类型定义符 typedef	画中画模式
	11.5 链表	微课 11-5：动态存储与链表	画中画模式
第 12 章：位运算	12.1 位运算概述	微课 12-1：位运算符及其表达式	prezi 模式
	12.2 位运算符及其表达式		

续表

课程名称	C 语言程序设计		
第 13 章：文件	13.1　C 文件概述	微课 13-1：文件的打开与关闭	prezi 模式
	13.2　文件指针		
	13.3　文件打开与关闭		
	13.4　文件的读写操作	微课 13-2：文件的读写操作	prezi 模式

6.2.4　微课视频展示

1. 微课展示

本例为循环结构程序设计的微课《简单循环语句》，如图 6-2 所示。

微课视频浏览网址：http://210.29.224.35/wk/8.html。

(a)微课封面　　(b)条码扫描 在线预览

图6-1　微课作品《简单循环语句》界面

2. 微课的教学设计

本节微课的教学设计见表 6-6。

表 6-6　《简单循环语句》微课的教学设计

微课标题	循环嵌套结构	所属课程	C 语言程序设计
所属专业	计算机应用技术	适用对象	大一学生
所属专业大类	信息大类	所属专业类	软件技术
授课教师	李刚	所属学校	淮安信息职业技术学院
教学思想与教学设计思路	循环嵌套结构的实现是本章的一个教学重点，也是教学难点，如何设计教学过程，使学生通过本堂课的学习掌握其程序的代码实现，并从中领悟出程序设计的基本方法和步骤，是我在教学设计时重点思考的内容。教学设计上采用引导启发法、任务驱动法等教学方法授课，通过实例动画演示让学生轻松掌握循环嵌套结构的原理，通过算法设计与代码单步执行同步动画演示让学生更好掌握循环嵌套结构的算法设计		
教学背景	《C 语言程学设计》是计算机类一年级学生的专业基础课，循环嵌套结构是 C 语言程学设计课程中较难的知识点，软件开发、计算机应用等领域应用多、范围广，学习该内容之前，学生已经学习了变量、算法与流程图、程序设计的三种结构，并较好的掌握 while 语句和 for 语句单循环结构等知识，可以用 C 语言实现若干单循环结构的应用程序		

续表

<table>
<tr><td>微课标题</td><td>循环嵌套结构</td><td>所属课程</td><td>C 语言程序设计</td></tr>
<tr><td>教学目标</td><td colspan="3">知识目标：掌握循环嵌套结构的原理及循环嵌套结构的算法设计
能力目标：分析结构原理及利用 C 语言实现循环嵌套结构的程序设计
态度目标：培养学生逻辑思维和主动分析解决问题的能力</td></tr>
<tr><td>教学重、难点</td><td colspan="3">教学重点：循环嵌套结构的原理
教学难点：循环嵌套结构的 C 程序实现</td></tr>
<tr><td colspan="4">教学过程设计</td></tr>
<tr><td>教学环节</td><td colspan="2">教学内容</td><td>时间分配</td></tr>
<tr><td>1. 新课提纲</td><td colspan="2">循环嵌套实例介绍
循环嵌套具体分类
循环嵌套简单应用</td><td>10 ～ 20 秒</td></tr>
<tr><td>2. 问题引入</td><td colspan="2">
设计目的：通过生活实例进行问题引入，吸引学生注意力，学生通过此实例的演示，掌握循环嵌套结构的原理
教学方法：实例演示、引导启发法
教学资源：实例动画</td><td>30 ～ 40 秒</td></tr>
<tr><td>3. 分析问题</td><td colspan="2">设计目的：让学生通过 ppt 演示，清楚的了解循环嵌套结构的 4 种具体分类
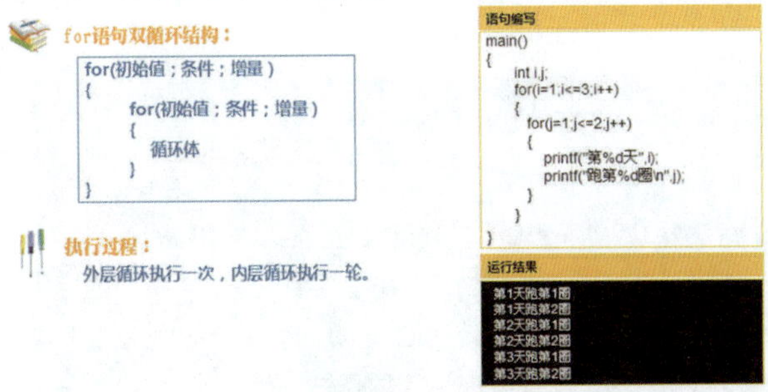

设计目的：通过 for 和 for 的嵌套结构的算法设计，实现问题引入实例的程序模拟，让学生更好的掌握循环嵌套结构的执行过程
教学方法：讲授法、归纳法
教学资源：PPT 动画</td><td>4 ～ 6 分钟</td></tr>
</table>

1
2
3
4
5
6

续表

<table>
<tr><th>教学环节</th><th>教学内容</th><th>时间分配</th></tr>
<tr><td>4. 循环嵌套结构原理</td><td>外层循环执行一次，内层循环执行一轮。</td><td>10 ～ 20 秒</td></tr>
<tr><td>5. 知识应用</td><td>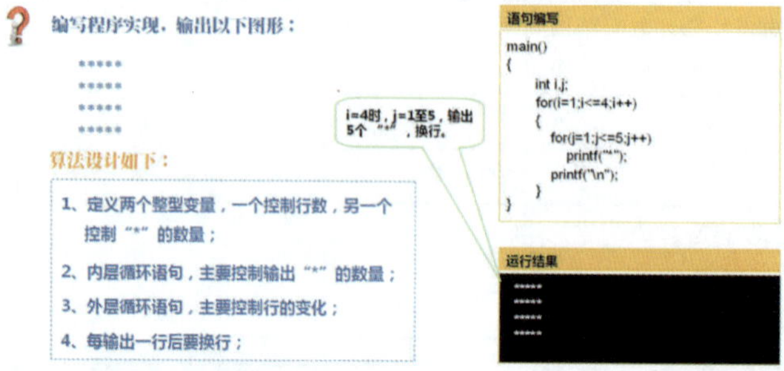

设计目的：通过算法设计和程序设计同步动画演示，让学生掌握代码的编写方法，提高程序设计水平和知识应用能力
教学方法：任务驱动、引导启发法
教学资源：PPT 动画</td><td>5 ～ 6 分钟</td></tr>
<tr><td>6. 知识总结</td><td>理解循环嵌套四种类型
理解掌握 for 语句双循环结构
能够达到循环嵌套简单应用</td><td>10 ～ 20 秒</td></tr>
<tr><td>教学总结与特色</td><td colspan="2">利用各种碎片化资源讲解知识点，将抽象、枯燥、乏味的知识通过实例动画和算法设计与程序设计同步动画演示，让教师达到易教易授的效果，让学生达到易学愿意学的效果</td></tr>
<tr><td colspan="3">教学详案</td></tr>
</table>

一、新课题目

直接介绍本次微课主要内容，其中包括：

①循环嵌套实例介绍。

②循环嵌套具体分类。

③循环嵌套简单应用。

二、问题引入

为了吸引学生注意力，首先介绍一个生活小实例—跑步实例动画，某位同学每天跑步 2 圈，一共跑了 3 天，让学生思考具体的跑步过程？

跑步实例动画

续表

教学详案
达到学生自我思考问题效果，有的同学会想到天数控制圈数，第一天跑了2圈，第二天跑了2圈，第三天又跑了2圈，一共跑了6圈。 **三、循环嵌套结构问题分析** ①循环嵌套结构4种分类。 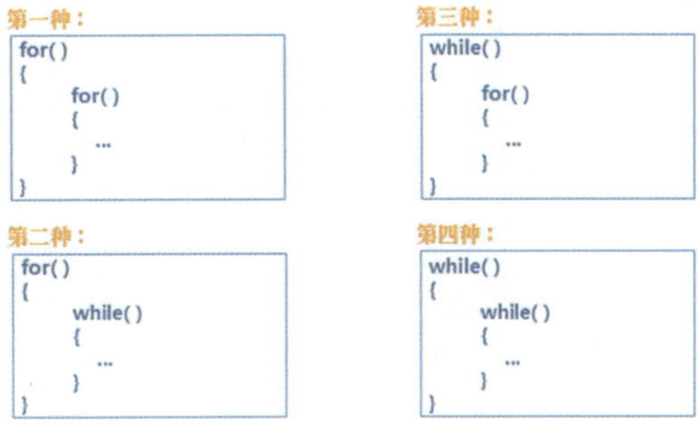 循环嵌套结构4种分类图例 ②通过for和for的嵌套结构的算法设计，实现问题引入实例的程序模拟，让学生更好的掌握循环嵌套结构的执行过程。 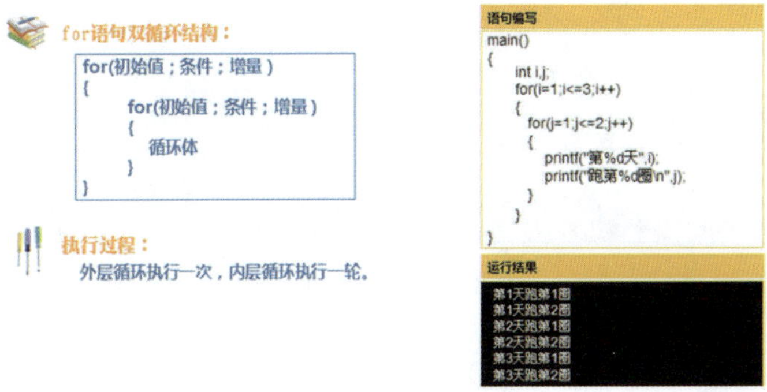 跑步实例程序模拟图例 ③循环嵌套结构原理。外层循环执行一次，内层循环执行一轮，象数学公式求解一样，只要按照步骤执行就可以求出结果。 **四、知识应用** 掌握原理后，开始进行具体的算法设计，并通过VC++6.0环境实现程序设计。 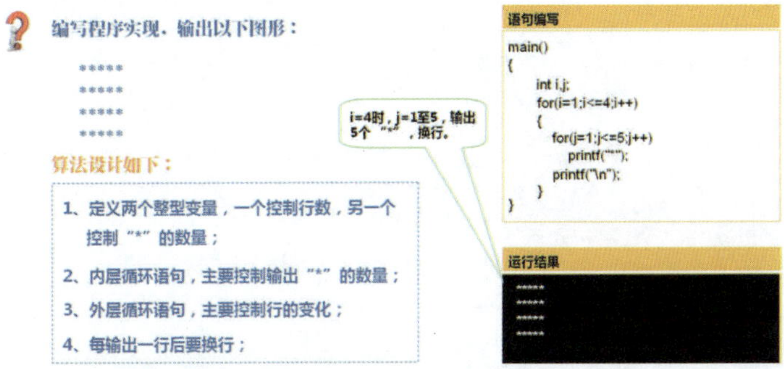

续表

教学详案
引导学生能够独立利用所学知识去解决实际问题，根据每一步算法设计，书写相应的程序，提高程序设计水平和知识应用能力。 **五、知识总结** 循环嵌套结构在各类项目开发过程中应用较多，学习过程中要重点掌握以下内容： ① 理解循环嵌套 4 种类型。 ② 理解掌握 for 语句双循环结构。 ③ 能够达到循环嵌套简单应用

参考文献

[1] 刘新英 . 中学数学微课程设计与应用研究 [D]. 上海：上海师范大学，2013.

[2] 何克抗 . 教学设计理论与方法研究评论 [J]. 电化教育研究，1998（2）：19-26.

[3] 杨明 . 高职教育微课开发综合讨论 [J]. 课程教学，2014（6）：65-71.

[4] 梁乐明，曹俏俏，张宝辉. 微课程设计模式研究——基于国内外微课程的对比分析 [J]. 开放教育研究，2013(2)：65-73.

[5] 张一春. 微课建设研究与思考 [J]. 中国教育网络. 2013(10)：28-31.

[6] 马朝宏. 微课程：让学习变得简单而有趣 [N]. 中国教师报，2012 年 10 月 10 日第 15 版：课改研究

[7] 陈展红 . 开放大学课程资源建设中微课程制作初探 [J]. 福建广播电视大学学报，2014（1）：1-5

[8] 黎加厚 . 微课的含义与发展 [J]. 中小学信息技术教育，2013 （4）：10-12.

[9] 祝智庭 . 现代教育技术——走进信息化教育 [M]. 北京：高等教育出版社，2001.

[10] 陈国安. 微课程研究策略的思考 [N]. 中国教师报，2012 年 11 月 7 日第 15 版：课改研究.

[11] 马红芝 . 教育实习微型课程的设计与开发 [D]. 上海：上海师范大学，2012.

[12] 中国高校微课研究报告. 全国高校教师网络培训中心. 2014（2）.

[13] 余胜泉 . 信息技术与课程整合网络时代的教学模式与方法 [M]. 上海：上海教育出版社，2005.

[14] 徐英俊，曲艺 . 教学设计：原理与技术 [M]. 北京：教育科学出版社，2011.

[15] 邓泽民，赵沛 . 职业教育教学设计 [M]. 北京：中国铁道出版社，2006.

[16] 陈智敏，吕巾娇，刘美凤 . 我国高校教师微课教学设计现状研究 [J]. 现代教育技术，2014（8）：20-26.

[17] 万松 . 浅谈职业教育的教学引入模式 [J]. 电化教育，2013（1）：53-54.

[18] 吴笛 . 中等职业学校数学课堂“情境”教学模式研究与实践 [D]. 苏州：苏州大学，2011.

[19] 刘萍 . 新课程背景下高中生物探究式教学模式及其策略的实践研究 [D]. 福州：福建师范大学，2009.

[20] 李兆霞 . 中职数学探究式教学理论与实践研究 [D]. 苏州：苏州大学，2012.

[21] 鄢文翠 . 基于抛锚式教学的电解池教学设计研究与实践 [D]. 济南：山东师范大学，2011.

[22] 施文光 . 数学“情境问题”教学与抛锚式教学之比较研究 [D]. 昆明：云南师范大学，2006.

[23] 邓宏钟，李孟军，迟妍，谭思昱 . “慕课”时代的课程知识体系构建 [J]. 课程教育研究，2013（7）：6-7.

[24] 赵欢，唐圣平 . 微课的表现形式和选题策划 [J]. 出版参考，2014（10）：13-14.

[25] 汪琼 . 教你如何做 MOOCs. 中国大学 MOOC

配套资源服务提示：

1. 访问 http://abook.hep.com.cn/43391/。

2. 先注册成为网站用户。注册后的用户登录后，请先点击页面右上方“充值”，正确输入教材封底标签上的明码和密码（刮开涂层）完成课程的选择。

3. 点击“进入课程”，开始下载。

资源服务支持电话：010-58556362　　本书编辑邮箱：709368209@qq.com